Marie Kondo

Tokimeki

Magia sprzątania w praktyce

MUZA

Tytuł oryginału: ***Spark Joy***

Przekład: *Magdalena Macińska*
Projekt okładki: *Ewa Iwaniuk/&visual, www.andvisual.pl*
Redaktor prowadzący: *Bożena Zasieczna*
Redakcja techniczna: *Sylwia Rogowska-Kusz*
Korekta: *Zespół*

ISBN 978-83-287-0463-3

MUZA SA
Wydanie I
Warszawa 2016

SPIS TREŚCI

Przedmowa 11

Wstęp
Metoda KonMari 13

Sześć zasad sprzątania 15

Część pierwsza
MISTRZOWSKIE RADY KONMARI 23

1 Jak uwrażliwić się na radość 25

Porządkowanie to akt konfrontacji ze sobą samym, czyszczenie jest aktem konfrontacji z naturą 25

Jeżeli nie wiesz, co przynosi ci radość, zacznij maraton sprzątania od rzeczy, które są bliskie twojemu sercu 28

Wyrzuć ze swojego słownika zdanie: „To może się przydać".... 31

Przyjrzyj się temu, jak wpływają na ciebie przedmioty, które wydają ci się niezbędne, ale nie przynoszą ci radości 34

Zachowaj ulubiony strój do noszenia po domu 37

Nie myl tymczasowego nieładu z nawrotem bałaganu 40

Kiedy masz ochotę się poddać 43

Terapia szokowa z pomocą zdjęć bałaganu 45

Bez względu na to, na jak bardzo zagracony wygląda twój dom, nie zatrzymuj się w trakcie porządkowania go i nie poddawaj się 47

Jeżeli sprzątanie kiepsko ci wychodzi, to doświadczysz największej zmiany 50

2 Jak wypełnić dom radością 53
Wyobraź sobie swój idealny styl życia, patrząc na jedno zdjęcie 53
Z pełnym przekonaniem zachowaj rzeczy, co do których nie masz pewności 55
Dom wypełniony radością jest jak osobiste muzeum sztuki 58
Wnieś barwy do swojego życia 60
Jak spożytkować większość bezużytecznych rzeczy, które wciąż cieszą 63
Stwórz zakątek tylko dla siebie 68

3 Wszystko co powinnaś wiedzieć o tym, jak czerpać radość z przechowywania rzeczy 71
W czasie sprzątania przechowywanie rzeczy ma charakter przejściowy 71
Przechowuj rzeczy grupowane według materiału, z jakiego zostały zrobione 74
Układaj rzeczy w szufladach jak w japońskim pudełku bento 76
Cztery zasady przechowywania rzeczy 79
Ubrania składaj jak origami 81
Wszystko co powinnaś wiedzieć o metodzie składania KonMari 84
Tak zaplanuj rozmieszczenie rzeczy, żeby pozbyć się nadmiaru mebli, w których je przechowujesz 87
Idealne rozmieszczenie rzeczy 90

Część druga
ENCYKLOPEDIA SPRZĄTANIA 93

4 Porządkowanie ubrań 95
Góra 95
Dół 106
Sukienki i spódnice 109
Ubrania wiszące 112

Skarpety i rajstopy ... 114
Bielizna ... 116
Szafa z ubraniami, która promienieje ... 123
Torby ... 130
Akcesoria odzieżowe ... 130
Buty ... 136
Jak spakować walizkę ... 138
5 Porządkowanie książek ... 141
Rady dla tych, którzy nie potrafią się rozstać z książkami ... 141
Serie książkowe ... 143
Magazyny, albumy ze zdjęciami i książki do przeglądania przy kawie ... 144
Przechowywanie książek, aby cieszyły oko ... 144
6 Porządkowanie papierów ... 147
Podstawowa zasada dotycząca papierów brzmi: wyrzuć wszystko ... 147
Przygotuj pudełko: sprawy do załatwienia ... 148
Materiały do nauki ... 149
Wyciągi z kart kredytowych ... 150
Gwarancje ... 150
Instrukcje obsługi ... 151
Kartki świąteczne ... 152
Wycinki ... 152
Wyznacz dzień na zajęcie się rzeczami do załatwienia ... 153
7 Porządkowanie *komono* ... 155
Płyty CD i DVD ... 156
Artykuły biurowe ... 158
Komono elektroniczne ... 161
Środki do pielęgnacji skóry i kosmetyki ... 163
Akcesoria relaksacyjne ... 169

Leki ... 170
Przedmioty wartościowe ... 171
Zestawy do szycia ... 174
Narzędzia ... 175
Komono związane z hobby ... 175
Kolekcje ... 176
Rzeczy, które trzymasz „bo tak" ... 177
Bielizna stołowa i pościelowa ... 177
Ręczniki ... 178
Zabawki pluszowe ... 179
Akcesoria rekreacyjne ... 182
Akcesoria sezonowe ... 182
Sprzęt ratunkowy i asekuracyjny ... 183
Sprzęt przeciwdeszczowy ... 183
Komono kuchenne ... 184
Środki czystości ... 226
Środki do prania ... 227
Komono łazienkowe ... 227

8 Sprzątanie przedmiotów o wartości sentymentalnej ... 239

Porządkowanie przedmiotów o wartości sentymentalnej oznacza uporządkowanie przeszłości ... 239
Porządkowanie wspomnień z młodości ... 241
Porządkowanie wspomnień związanych z dawną miłością ... 241
Nagrania o wartości sentymentalnej ... 242
Prace plastyczne twoich dzieci ... 243
Kronika życiowa ... 244
Listy ... 245
Porządkowanie zdjęć jako ostatni etap kampanii ... 245

Część trzecia

MAGIA ZMIENIAJĄCA ŻYCIE 253

9 Dom, który promienieje radością 255

Przedpokój, który promienieje radością 255

Salon, który promienieje radością 257

Kuchnia, która promienieje radością 258

Gabinet, który promienieje radością 259

Sypialnia, która promienieje radością 260

Łazienka, która promienieje radością 261

10 Zmiany, które nastają po tym, gdy skończysz sprzątać 263

Posprzątaj, a uporządkujesz swoje życie uczuciowe 266

Sprzątanie pozwala przyjrzeć się bliżej relacjom 269

Jeżeli przeszkadzają ci rzeczy członków rodziny, to bądź jak słońce 271

Nie zmuszaj ludzi do sprzątania wbrew nim 275

Naucz swoje dzieci składać ubrania 278

Nawet jeżeli ci się nie uda, nie przejmuj się – twój dom od tego nie wybuchnie 280

Rzeczy, które wzbudzają radość, nasiąkają cennymi wspomnieniami 284

Epilog 289

Posłowie 293

Podziękowania 299

O autorce 301

PRZEDMOWA

Kiedy uporządkujesz swój dom, możesz zacząć naprawdę żyć. To dlatego poświęciłam tyle czasu nauce porządkowania. Chcę pomóc jak największej liczbie osób posprzątać raz a dobrze.

Nie oznacza to oczywiście, że nakłaniam do wyrzucania czegokolwiek albo wszystkiego. Wręcz przeciwnie. Zachęcam do nauczenia się wybierania rzeczy, które wzbudzają pozytywne emocje, cieszą. Umiejąc to robić, będziesz mogła urzeczywistnić pożądany styl życia.

Jeżeli masz pewność, że coś daje ci radość*, to zatrzymaj tę rzecz, niezależnie od tego, co inni sądzą na jej temat. Nawet jeżeli nie jest to rzecz doskonała, a wręcz wydaje się nieciekawa, ale w tobie budzi pozytywne emocje, odnosisz się do niej z troską i szacunkiem, możesz przemienić ją w coś bezcennego. Powtarzając proces selekcji, nauczysz się czerpania radości z uwalniania się od nadmiaru rzeczy. Nie tylko zwiększy się twoja sprawność w radzeniu sobie z nieładem wokół, ale

* Tokimeki – w jęz. jap. to, co daje radość.

także będzie ci łatwiej podejmować decyzje. Dbając o rzeczy, zadbasz także lepiej o samą siebie.

Co wywołuje w tobie radość, a co cię nie cieszy?

Odpowiedzi na te pytania dadzą ci wskazówki do poznania siebie. Jestem przekonana, że proces ten jest w stanie dać siłę, energię do zmiany stylu życia...

Niektórzy ludzie mówili mi, że po wyrzuceniu rzeczy, które nie wzbudzały w nich radości, prawie nic im nie zostało. Na początku nie wiedzieli, co z tym fantem zrobić. Taka reakcja często pojawia się po zakończeniu etapu porządkowania ubrań. Jeżeli tego doświadczysz, nie zniechęcaj się. Ważne, żebyś to zauważyła. Prawdziwym dramatem byłoby, gdybyś przeżyła całe życie, nie mając niczego, co by ci dawało radość i nawet nie zdawała sobie z tego sprawy. Od momentu kiedy skończysz porządkowanie, twoje życie i twój dom mogą nabrać nowego blasku.

Potrzebne są tylko dwie umiejętności, żeby zaprowadzić w domu porządek: umiejętność zatrzymania tego, co wywołuje radość, i pozbycia się reszty oraz umiejętność określenia, gdzie umieścisz każdą rzecz, jaką wybierzesz, a następnie odkładanie jej na właściwe miejsce.

W sprzątaniu najważniejsze nie jest podejmowanie decyzji o tym, co chcesz wyrzucić, ale co chcesz zatrzymać przy sobie. Mam nadzieję, że magia sprzątania pomoże ci radośniej popatrzeć w przyszłość.

WSTĘP
METODA KONMARI

„KonMari, czy istnieje ilustrowany przewodnik, który objaśnia metody sprzątania, w taki sam sposób, jak ty to robisz podczas lekcji?"

Nie potrafię policzyć, ile razy zadano mi to pytanie. Zawsze udzielałam na nie jednakowej odpowiedzi: „Nie potrzebujesz takiego przewodnika, bo sukces zależy w dziewięćdziesięciu procentach od twojego nastawienia". Niezależnie od tego, ile wiedzy zgromadzisz, jeżeli nie zmienisz sposobu myślenia, to wrócisz do starych nawyków. Staram się wyjaśniać, że moja metoda wprowadzania porządków nie jest kolejną techniką sprzątania, a raczej podejściem, które sprawi, że będziesz potrafiła wprowadzić ład wokół siebie i w swoim życiu. Wierzę, że do osiągnięcia tego celu potrzebne jest coś na kształt terapii szokowej.

Jednocześnie prawdą jest, że kiedy ludzie zaangażują się w sprzątanie, chcą bardziej szczegółowych wskazówek. Cóż zatem mogłoby być bardziej przydatne dla osób, które są w trakcie procesu sprzątania od ilustrowanego przewodnika?

Osobom, które nie podjęły jeszcze radykalnej decyzji o wprowadzeniu zmian, taka książka mogłaby tak naprawdę zaszkodzić. W tym sensie publikacja ilustrowanego przewodnika mogłaby być porównana do dzielenia się tajemną wiedzą.

Pozwól więc, że zadam ci wprost pytanie: Czy jesteś gotowa zaangażować się w jednorazowe, gruntowne sprzątanie, które będzie wyjątkowym wydarzeniem w twoim życiu? Jeżeli twoja odpowiedź jest twierdząca, to przeczytaj tę książkę. Wskazówki, jak wzbudzić w sobie więcej radości za sprawą przedmiotów codziennego użytku, mogą być dla ciebie pomocne. Jeżeli twoja odpowiedź jest przecząca, to zacznij od mojej pierwszej książki *Magia sprzątania*. Jeżeli już ją przeczytałaś, ale wciąż jeszcze nie podjęłaś decyzji o sprzątaniu, przeczytaj ją znowu, bo pewnie była jakaś przeszkoda, która cię do tej pory powstrzymywała przed podjęciem działania.

Ten ilustrowany przewodnik to kompleksowe kompendium wiedzy o metodzie KonMari. Dla osób, które podjęły się posprzątania raz a dobrze, powinna być bardzo pomocna, jak dłoń przynosząca ulgę swędzącym plecom. Mam nadzieję, że przeczytasz ją od deski do deski. Dla tych z moich czytelników, którzy już posprzątali jakąś część swojego domu, przewodnik ten niech posłuży za „Encyklopedię praktycznych porad", jak sprawnie zrobić to z resztą. Jeżeli chcesz się upewnić, w jaki sposób wykonać określone zadanie, przejdź od razu do interesujących cię fragmentów książki. Dołączyłam też odpowiedzi na wiele pytań, które otrzymałam od czytelników po napisaniu pierwszej książki. Jeżeli ktoś ma ochotę pominąć moje osobiste historie i nie może się doczekać, żeby przejść do sedna sprawy, ta książka może być wystarczającym źródłem informacji.

Jesteś gotowa? Nie zapominaj, że jeżeli już powzięłaś postanowienie, że posprzątasz, najtrudniejsze masz za sobą.

Sześć zasad sprzątania

Proces sprzątania, który zamierzasz rozpocząć, nie polega tylko na odgraceniu domu czy też sprawieniu, żeby lśnił na przyjście gości. Chodzi raczej o posprzątanie w taki sposób, żeby wnieść radość w twoje życie i zmienić je na dobre.

Kiedy będziesz sprzątać metodą KonMari, to doświadczysz kilku zmian. Przede wszystkim kiedy skończysz sprzątać raz a dobrze, to nigdy nie wrócisz do zagracania przestrzeni. Określisz też swoje wartości i to, co chcesz w życiu robić. Będziesz potrafiła zadbać o swoje rzeczy i doświadczysz uczucia zadowolenia każdego dnia. Kluczem do sukcesu jest posprzątanie domu sprawnie i do końca.

Kiedy już doświadczysz, jak to jest mieszkać w czystym domu w pełnym tego słowa znaczeniu, już nigdy nie zechcesz wrócić do nieporządku. Pozytywna motywacja pozwoli ci zachować ład wokół siebie.

1. Postanów, że posprzątasz

Metoda KonMari może wydawać się niełatwa. Rzeczywiście wymaga czasu i wysiłku. Jeżeli wzięłaś do ręki tę książkę przynajmniej z zamiarem podjęcia próby sprzątania, to czytaj dalej. Uwierz w siebie. Kiedy już podejmiesz decyzję, wystarczy, że zastosujesz właściwą metodę.

2. Wyobraź sobie swój idealny styl życia

Pomyśl o tym, w jakim domu chcesz mieszkać i jak chcesz w nim żyć. Innymi słowy, opisz swój wymarzony styl życia. Jeżeli lubisz rysować, to naszkicuj, jak mógłby on wyglądać. Jeżeli wolisz pisać, to opisz go w swoim notatniku. Możesz także zrobić kolaż ze zdjęć z czasopism.

Wolałabyś zacząć od sprzątania, prawda? To dlatego tak wielu ludzi wraca do nieporządku. Kiedy zwizualizujesz sobie swój idealny styl życia, naprawdę zdasz sobie sprawę, po co chcesz sprzątać, i określisz, jakim życiem chcesz żyć, kiedy skończysz. Proces sprzątania wyznacza punkt zwrotny w życiu. Zastanów się więc poważnie, do jakiego stylu życia dążysz.

3. Najpierw dokończ proces wyrzucania

Ludzi, którzy nigdy nie kończą sprzątania, charakteryzuje myślenie, że będą w stanie zatrzymać wszystko, nie pozbywać się niczego. Ich dom może nawet wyglądać z pozoru na wysprzątany, ale jeżeli szafy pękają w szwach od niepotrzebnych rzeczy, to nie da się odpowiednio zorganizować, a w konsekwencji doprowadzi to do powrotu nieporządku.

Aby skutecznie posprzątać, najpierw dokończ wyrzucanie rzeczy. Dopiero kiedy zdecydujesz, co zatrzymać, a co wyrzucić, możesz zacząć planować, gdzie i jak rozmieścisz rzeczy, ponieważ wtedy właśnie będziesz w stanie precyzyjnie określić, dla ilu rzeczy należy znaleźć miejsce.

Myślenie o tym, gdzie trzymać rzeczy albo zamartwianie się tym, czy wszystko się zmieści, tylko cię rozproszy i nigdy nie dokończysz procesu wyrzucania. To byłoby straszne marnotrawstwo. Zamiast tego uznaj, że miejsca, w których przechowujesz rzeczy w trakcie procesu ich selekcjonowania, są tymczasowe. Swoją uwagę skup na sortowaniu przedmiotów należących do kolejnych kategorii. Na tym właśnie polega sekret szybkiego uporania się z zadaniem.

4. Sortuj, kierując się kategorią przedmiotu a nie jego lokalizacją

Jednym z najczęściej popełnianych błędów jest sprzątanie po kolei wszystkich pomieszczeń. To podejście się nie sprawdza, ponieważ ludzie sądzą, że sprzątają, a tak naprawdę tylko przesuwają przedmioty z miejsca na miejsce, nie wiedząc, ile tak naprawdę mają rzeczy.

Prawidłowym podejściem jest sortowanie przedmiotów według ich kategorii. Oznacza to sortowanie rzeczy z tej samej kategorii za jednym razem. Jeżeli na przykład sprzątasz ubrania, to najpierw zgromadź wszystkie w jednym miejscu. Zobaczysz, ile ich masz. Konfrontacja z tak wielką górą ubrań zmusi cię także do uznania, jak w rzeczywistości traktujesz swoje rzeczy. Ważne, żeby uświadomić sobie, ile się ich ma z każdej kategorii.

5. Zachowaj właściwą kolejność porządkowania

Ważne jest nie tylko sprzątanie według kategorii przedmiotów, ale także zachowanie właściwej kolejności porządkowania: najpierw ubrania, potem książki, papiery, *komono* (rzeczy różne) i wreszcie przedmioty o wartości sentymentalnej. Czy kiedykolwiek w trakcie sprzątania natknęłaś się na stare zdjęcia i okazało się, że spędzasz godziny na ich oglądaniu? To częsta pułapka, w jaką wpadamy, pokazująca, dlaczego tak ważna jest właściwa kolejność porządkowania. Zaproponowana przeze mnie ma pomóc ci nauczyć się rozpoznawać, co jest dla ciebie źródłem radości. Ubrania idealnie się nadają do nabywania tej umiejętności. Nie powinnaś natomiast zabierać się za zdjęcia i przedmioty o wartości sentymentalnej, dopóki jej nie opanujesz.

Prawidłowa kolejność sprzątania

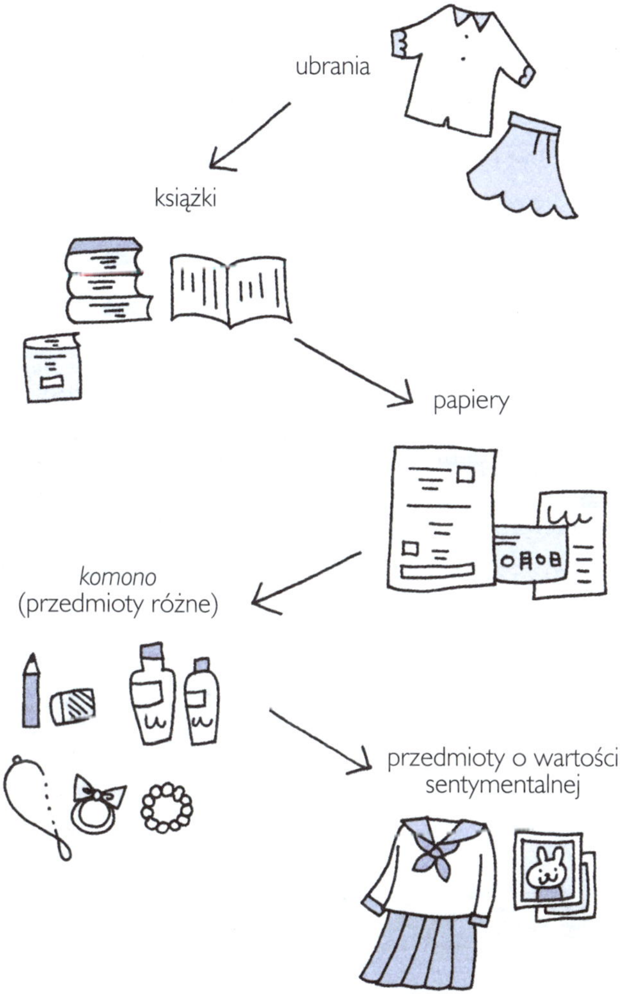

6. Zapytaj samą siebie, czy dana rzecz wywołuje w tobie radość

Kryterium podejmowania decyzji co do tego, co zatrzymać, a co wyrzucić, jest radość. W trakcie podejmowania decyzji dotykaj dany przedmiot (mam tu na myśli trzymanie czegoś obiema rękoma, jakbyś się z tym komunikowała). Zwróć uwagę, jak reaguje twoje ciało. Jeżeli coś wzbudza w tobie radość, to powinnaś poczuć dreszcz, jak gdyby komórki w twoim ciele powoli się wznosiły. Kiedy będziesz trzymała coś, co nie cieszy cię, to zauważysz, że ciało jest jakby cięższe.

Pamiętaj, że nie podejmujesz decyzji o tym, co wyrzucisz, ale co zatrzymasz. Zatrzymaj tylko te rzeczy, które przynoszą ci radość. Kiedy pozbywasz się czegoś, co nie daje ci już radości, nie zapomnij podziękować, zanim rozstaniesz się z tym przedmiotem. Żegnając się w poczuciu wdzięczności z przedmiotami, które były obecne w twoim życiu, rozwijasz w sobie uznanie dla ich roli i chęć dbania o kolejne, które się wokół ciebie pojawią.

NIE ZOSTAWIAJ SPRZĄTANIA AŻ DO PRZEPROWADZKI

Kiedy ludzie pytają mnie, czy lepiej jest sprzątać przed przeprowadzką w nowe miejsce, czy po niej, zawsze odpowiadam, że „przed". Jeżeli nie znalazłaś jeszcze nowego domu, to zacznij sprzątać od zaraz. Dlaczego? Bo dom, w którym mieszkasz teraz, zaprowadzi cię do następnego.

Czasami myślę, że domy muszą być powiązane w jakąś sieć. To tak, jak gdyby twój dom ogłosił w swojej sieci kontaktów, że dobrze o niego dbasz i przyciągnął do ciebie kolejny. Takie jest moje doświadczenie.

Wielu klientów mówiło mi, że kiedy posprzątali swoje domy, bez trudu znaleźli miejsca idealne dla siebie. Opowieści o tym, jak odkryli swoje nowe siedziby, są niesamowite. Jeżeli chcesz znaleźć dom, który pasuje właśnie do ciebie, to dbaj o ten, w którym mieszkasz.

CZĘŚĆ PIERWSZA

MISTRZOWSKIE RADY KONMARI

1

JAK UWRAŻLIWIĆ SIĘ NA RADOŚĆ

Porządkowanie to akt konfrontacji ze sobą samym, czyszczenie jest aktem konfrontacji z naturą

„Tym razem naprawdę to zrobię! Rozpoczynam maraton sprzątania z okazji końca roku!"

W Japonii koniec roku to tradycyjny czas na porządkowanie całego domu (to jak sprzątanie na wiosnę w niektórych krajach). Co roku w grudniu w programach telewizyjnych można zobaczyć, a w gazetach przeczytać porady dotyczące sprzątania. W sklepach piętrzą się środki czystości i inne przydatne produkty. Japończycy rzucają się pod koniec każdego roku w wir sprzątania, jakby to był sport narodowy. Czasami wydaje mi się, że ten pęd do porządkowania musi być wpisany w japońskie DNA.

Kiedy jest po wszystkim, wielu ludzi mówi jednak: „Naprawdę sprzątałem, ale nie skończyłem do Nowego Roku". Kiedy pytam, co właściwie robili, jasne staje się, że prawie wszyscy trochę czyścili, a trochę sprzątali. Innymi słowy, wyrzucali jako niepotrzebne przypadkowe przedmioty, które wpadły im w oko, wymyli podłogi i ściany, które nagle wydobyły się spod stosów rzeczy, oddali pudła książek, przetarli półki, na których te książki stały…

Powiem jasno. Z takim podejściem spędzisz całe swoje życie na sprzątaniu. Nie ma nic dziwnego w tym, że takie „sprzątanie na koniec roku" udaje się ukończyć tylko w połowie. Będę szczera. Przez lata moja rodzina i ja stosowaliśmy to samo podejście i nigdy nie udało nam się doprowadzić naszego domu do ładu przed nowym rokiem.

Słowa *sprzątanie* i *czyszczenie** często stosuje się naprzemiennie, ale są to zupełnie dwie różne rzeczy. Jeżeli nie zaakceptujesz tej ważnej prawdy, to twój dom nigdy nie będzie naprawdę uporządkowany. Po pierwsze, nasza uwaga skupia się na czymś zupełnie innym. Sprzątanie oznacza radzenie sobie z przedmiotami, czyszczenie – radzenie sobie z brudem. Oba mają na celu uczynienie z domu miejsca czystego, ale sprzątanie oznacza przenoszenie przedmiotów i odkładanie ich na miejsce, zaś czyszczenie to wycieranie kurzu, zamiatanie, mycie i pozbywanie się brudu.

Odpowiedzialność za bałagan i nadmiar rzeczy ponosi w stu procentach człowiek. Rzeczy nie mnożą się same, lecz

* Angielskie słowa „tidying" i „cleaning" są w dużym stopniu stosowane zamiennie na określenie czynności sprzątania, stąd różnica ta jest mniej wyraźna niż w języku polskim (przyp. tłum.).

w wyniku zakupu albo otrzymania od kogoś w prezencie. Nieporządek kumuluje się, kiedy nie odkładasz przedmiotów na wyznaczone dla nich miejsce. Jeżeli pokój został zagracony, „zanim się obejrzałaś", ty za to odpowiadasz. Innymi słowy, **sprzątanie oznacza konfrontowanie się z sobą samym**.

Brud za to gromadzi się sam. To prawo natury. Tak więc czyszczenie oznacza konfrontację z naturą. Czyszczenie powinno być dokonywane regularnie, żeby usunąć nagromadzony brud. Coroczne wydarzenie, które ma miejsce w Japonii na koniec roku, nazywane jest „maratonem sprzątania", ale tak naprawdę chodzi o czyszczenie. Jeżeli chcesz, żeby porządkowanie zakończyło się powodzeniem, to dokończ maraton sprzątania.

W mojej poprzedniej książce wyjaśniam, że maraton sprzątania oznacza ukończenie procesu wyrzucania w sposób szybki i dokładny oraz podjęcie decyzji co do tego, gdzie ma być przechowywane wszystko, co posiadasz. Wystarczy zrobić to raz a dobrze. Jeżeli podejmiesz decyzję i po prostu to zrobisz, naprawdę będziesz mogła skupić się na sprzątaniu na koniec roku. Ludzie, którzy są ekspertami od czyszczenia, tak naprawdę nie umieją sprzątać. Klienci, którzy skończyli porządkowanie, twierdzą, że czyszczenie idzie im teraz błyskawicznie. Tak naprawdę podoba im się to, podczas gdy przedtem zajęcie to zajmowało im bardzo dużo czasu i nie dawało zadowalających efektów.

Nauki buddyzmu mówią o oczyszczaniu świątyni, a nie sprzątaniu jej. Kiedy czyścimy, możemy opróżnić nasz umysł, poruszając cały czas rękoma. Sprzątanie natomiast wymaga myślenia – o tym, co chcemy zatrzymać i gdzie to położyć, a co wyrzucić. **Można powiedzieć, że sprzątanie porządkuje umysł, a czyszczenie go oczyszcza.**

Jeżeli chcesz wprowadzić ład w swoim domu, nie ograniczaj się do czyszczenia go, bo niezależnie od tego, jak bardzo będziesz się starała usunąć kurz, brud i odpadki, twój dom nigdy nie będzie uporządkowany, jeśli go nie posprzątasz.

Jeżeli nie wiesz, co przynosi ci radość, zacznij maraton sprzątania od rzeczy, które są bliskie twojemu sercu

„Czuję… eee… radość… Chyba czuję… radość… Czuję… coś pomiędzy radością… a brakiem radości".

Podczas naszej pierwszej lekcji klientka siedzi jak sparaliżowana przed stosem ubrań. W ręku ściska białą koszulę, a obok czeka worek na śmieci. Odkłada koszulę na stos i podnosi leżący obok niej szary rozpinany sweter. Wpatruje się w niego przez dziesięć sekund, a następnie podnosi wzrok. „Nie wiem, co to znaczy odczuwać radość"– mówi wreszcie.

Jak już zapewne wiesz, istotą mojego podejścia jest zatrzymanie tylko tych rzeczy, które wzbudzają radość, i pozbycie się reszty. **Czy dana rzecz wzbudza w tobie radość, kiedy jej dotykasz?** Chociaż większość ludzi uważa to kryterium za bardzo proste i nie ma kłopotów ze zrozumieniem go, to niektórzy zastanawiają się, co ono właściwie oznacza. Moi klienci nie należą do wyjątków. Kiedy tak się dzieje, zalecam im następujące ćwiczenie.

Wybierz trzy najważniejsze rzeczy z tego stosu, które sprawiają ci radość. Na dokonanie wyboru masz trzy minuty.

W wyżej opisanym przypadku moja klientka na chwilę się zamyśliła. „Najważniejsze trzy" – mruknęła. A potem poszperała w stosie, wyjęła pięć rzeczy i ułożyła je w rządku. Poprzekładała je kilka razy, dwie zwróciła na kupę, a kiedy minął czas, powiedziała z całą stanowczością: „To są te trzy rzeczy – od prawej do lewej!". Leżała przed nią biała sukienka z nadrukiem w zielone kwiaty, beżowy sweter moherowy i spódnica w niebieskie kwiaty.

„O właśnie! – powiedziałam do niej. – O to chodzi!"

Mówię zupełnie poważnie. **Najlepszy sposób na określenie tego, co przynosi ci radość, a co nie, polega na porównaniu tego z innymi rzeczami.** Na początku (chyba że ma się w stosunku do danej rzeczy bardzo określone uczucia) trudno jest zdecydować, czy coś przynosi radość, jeżeli patrzy się na daną rzecz oddzielnie. Kiedy porównuje się ją z szeregiem innych rzeczy, to uczucia wyostrzają się. Dlatego tak ważne jest, żeby sortować w jednym momencie tylko jedną kategorię rzeczy, zaczynając od ubrań.

Metodę klasyfikowania rzeczy, stosując zasadę wyboru „trzech najważniejszych", można wykorzystać także przy porządkowaniu innych kategorii. Wypróbuj ją, jeżeli utknęłaś na przykład przy książkach czy przedmiotach związanych z jakimś hobby. Jeżeli tylko uda ci się uporządkować choć jedną kategorię, to okaże się, że będziesz potrafiła określić najważniejsze trzy rzeczy w pozostałych kategoriach. Oczywiście nadawanie rangi każdej pojedynczej rzeczy zabrałoby mnóstwo czasu, ale w momencie, kiedy będziesz już miała za sobą wybór pierwszych dziesięciu czy dwudziestu, okaże się, że wszystko, co znajduje się poniżej pewnego pułapu, nie jest ci już przydatne. Odkrywanie osobistej „granicy radości" to fascynujący proces.

Podzielę się jeszcze jedną sztuczką, która pomoże ci określić, co daje radość, zwłaszcza na początkowym etapie sortowania ubrań. Zacznij od tych, które nosisz najbliżej serca. Czy wiesz dlaczego? Bo to w sercu czujesz radość, a nie w głowie. Im bliżej twojego serca są twoje ubrania, tym łatwiej jest dokonać wyboru. Na przykład, łatwiej jest dokonać wyboru spośród ubrań przeznaczonych dla dolnej partii ciała, takich jak spodnie i spódnice, niż spośród skarpetek. Jeszcze łatwiej niż spodnie czy spódnice wybiera się bluzki i koszule. Bieliznę, taką jak staniki czy halki na ramiączkach nosi się najbliżej serca, jednak większość ludzi nie ma ich wystarczająco dużo, żeby porównać je między sobą. Moja podstawowa zasada brzmi zatem: Zacznij od ubrań dla górnej części ciała.

Jeżeli nie masz pewności co do jakiegoś ubrania, nie dotykaj go, a przytul. Twoje ciało zupełnie inaczej reaguje, kiedy przyłożysz daną rzecz do serca. Spróbuj podotykać, poprzytulać i popatrzeć z bliska na rzeczy, co do których nie masz pewności, czy przynoszą ci radość. W ostateczności możesz dane ubranie przymierzyć. Jeżeli masz dużo strojów, z którymi chcesz to zrobić, to lepiej odłożyć je na osobną kupkę i przymierzyć po kolei, kiedy już skończysz sortowanie pozostałych ubrań. Z początku może być ci trudno rozpoznać, co przynosi ci radość. Jedna z moich klientek spędziła piętnaście minut na oglądaniu pierwszej sztuki ubrania. Nawet jeżeli wydaje ci się, że zabiera to dużo czasu, nie ma się czym martwić. Posiadane doświadczenie przekłada się na tempo dokonywania wyboru. Jeżeli na początku poświęcisz wystarczająco dużo czasu na odkrywanie poczucia radości, to szybkość z jaką podejmujesz decyzje, znacznie się zwiększy. Nie poddawaj się zatem. Jeżeli tylko będziesz próbować, dojdziesz do tego etapu.

Wyrzuć ze swojego słownika zdanie: „To może się przydać"

Jedno z pytań najczęściej zadawanych przez moich klientów brzmi: „A co powinienem zrobić z rzeczami, których potrzebuję, nawet jeżeli nie budzą we mnie radości?". Wiele osób czuje się niepewnie, nie wiedząc, co zrobić z ubraniami, które mają czysto praktyczny wymiar, tak jak na przykład ciepła bielizna, którą nosi się tylko w najzimniejsze dni w roku. To samo odnosi się do wyboru narzędzi, takich jak nożyce czy śrubokręty.

„To nie budzi we mnie żadnych emocji, ale przecież jest mi potrzebne, prawda?" Często słyszę ten refren i zawsze odpowiadam: **Jeżeli nie wzbudza to twojej radości, to pozbądź się tej rzeczy!** Jeżeli w tym momencie klient mówi mi: „Hm, a właściwie czemu by nie? Pozbędę się tego", to nie ma problemu. Najczęściej jednak protestuje: „Chwileczkę, przecież będzie mi to potrzebne" albo „No, ale czasem z tego korzystam". W takim przypadku zachęcam go, żeby śmiało dany przedmiot zatrzymał.

Moja reakcja może się wydać nieodpowiedzialna, ale poparta jest latami doświadczeń. Zaczęłam poważnie zajmować się sztuką sprzątania, kiedy byłam w gimnazjum. Po przejściu etapu wyrzucania wszystkiego, jakbym była maszyną, odkryłam, jak ważne jest, aby zatrzymać przy sobie te rzeczy, które wywołują radość. Tej zasady trzymam się do dziś. Pożegnałam się, przynajmniej na jakiś czas, z niezliczoną liczbą przedmiotów, które nie przynosiły mi radości, i mówiąc szczerze, od tamtego momentu nigdy pozbycie się jakiejś rzeczy nie wywołało katastrofy. W domu zawsze miałam coś, co mogło służyć jako zamiennik.

Na przykład, któregoś razu wyrzuciłam lekko wyszczerbiony wazon i już następnego dnia okazało się, że mi go brakuje. Znalazłam świetny zamiennik, osłaniając kawałkiem ulubionego materiału plastikową butelkę. Po tym jak pozbyłam się młotka, ponieważ miał mocno zużyty trzonek, do przybijania gwoździ zaczęłam używać ciężkiej patelni. Bez kłopotu udało mi się także zastąpić kanciaste głośniki zajmujące wiele miejsca niewielkimi słuchawkami, które lubię.

Oczywiście, jeżeli będzie mi czegoś brakować, to nabędę to, ale na etapie, na którym jestem, już nie kupuję czegoś tylko po to, żeby to mieć. Zamiast tego przyglądam się modelowi, sprawdzam, jak się z tym przedmiotem czuję, czy jest to rzecz przydatna mi oraz biorę pod uwagę każdy inny czynnik, który ma dla mnie znaczenie. Zanim znajdę coś, co naprawdę polubię, mija trochę czasu. Oznacza to jednak, że rzecz, którą wybiorę, będzie najlepsza i że będzie to coś, czym będę cieszyć się przez całe życie.

Sprzątanie to coś o wiele więcej niż tylko podejmowanie decyzji o tym, co zatrzymać, a co wyrzucić. Jest to także bezcenna możliwość uczenia się nowych relacji z przedmiotami i tworzenie takiego stylu życia, który przyniesie najwięcej radości. Czyż dzięki temu sprzątanie nie jest przyjemniejsze?

Jestem przekonana, że pozbycie się tego, co nie przynosi radości, to najlepszy sposób na doświadczenie pozytywnych emocji z otaczania się rzeczami, które cieszą.

To się może przydać. Uwierz mi, że się nie przyda. Poradzisz sobie bez tego. Osoby rozpoczynające maraton sprzątania powinny wyrzucić to zdanie ze swojego słownika.

Przyjrzyj się temu, jak wpływają na ciebie przedmioty, które wydają ci się niezbędne, ale nie przynoszą ci radości

Tak jak wspomniałam, zastąpiłam wazon plastikową butelką. Była lekka, nietłukąca się i nie zajmowała miejsca, kiedy nie było w niej kwiatów, bo po prostu mogłam ją wyrzucić, kiedy przestała mi być potrzebna jako wazon.

Mogłam także zmniejszyć jej wymiary i owinąć ją materiałem w inne ciekawe wzory. Chociaż kupiłam już szklany wazon, który bardzo mi się podoba, w dalszym ciągu wykorzystuję butelki, gdy mam zbyt dużo kwiatów, aby je w nim zmieścić.

Zastosowanie słuchawek jako głośników to także świetne rozwiązanie, które pozwala uprościć życie. Ustawiłam głośność wystarczająco wysoko, tak abym słyszała muzykę bez konieczności zakładania słuchawek. Melomani pewnie wzdrygnęliby się na samą myśl o takim rozwiązaniu, ale dla mnie jakość i natężenie dźwięku były wystarczające jak na warunki mojego pokoju, byłam więc całkowicie zadowolona. Nie jestem w stanie wyliczyć tych wszystkich przyjemnych doznań, jakich doświadczyłam dzięki pozbywaniu się rzeczy.

Muszę jednocześnie przyznać, że było kilka wyjątków. Na przykład odkurzacz. Pozbyłam się go, bo był całkowicie niefunkcjonalny i przestarzały i czyściłam podłogę ściereczkami oraz papierowymi ręcznikami. Jednak to zabierało mi za wiele czasu, więc kupiłam nowy odkurzacz.

No i mój śrubokręt. Po wyrzuceniu go, próbowałam używać linijki, żeby umocować obluzowaną śrubkę, ale złamała się. Prawie doprowadziło mnie to do łez, bo naprawdę ją lubiłam.

Wszystkie te wypadki przypisuję mojemu młodzieńczemu niedoświadczeniu i bezmyślności. Pokazały mi, że jeszcze nie udoskonaliłam umiejętności rozróżniania tego, co przynosi mi radość. Zmyliła mnie pospolitość tych przedmiotów i umknął mi fakt, że tak naprawdę je lubię. Uważałam, że jeżeli coś przynosi mi radość, to powinno wywoływać wyraźne poruszenie w moim sercu. Teraz myślę inaczej.

Fascynacja, ekscytacja, a także zauroczenie to nie jedyne efekty radości. **Poczucie funkcjonalności przedmiotu, przydatności, świadomość, że ułatwiają życie – to także są oznaki radości.**

Jeżeli coś wyraźnie nie wywołuje w tobie radości, to oczywiście należy to wyrzucić. Niekiedy czujemy się jednak rozdarci. Może tak się dziać z trzech powodów. Po pierwsze, rzecz, która nam kiedyś przynosiła radość, spełniła już swoje zadanie. Druga możliwość jest taka, że przynosi nam ona radość, ale nie zdajemy sobie z tego sprawy. Może być też tak, że potrzebujemy ją zatrzymać niezależnie od tego, czy jest źródłem radości, czy nie. Do grupy takich rzeczy należą na przykład umowy, stroje formalne i żałobne, różne przedmioty potrzebne na śluby, pogrzeby i inne szczególne okazje, rzeczy, których wyrzucenie spowodowałoby gwałtowną reakcję ze strony członków rodziny.

Znam sekret, który pozwala zwiększyć poziom radości czerpanej z otaczania się rzeczami, których potrzebuję, które nie wywołują jednak we mnie zachwytu – obsypuję je pochwałami. Daję im znać, że chociaż nie wzbudzają we mnie radości, to naprawdę są potrzebne.

Zachęcam, abyś zrobiła to samo. Może to brzmieć na przykład tak:

„Posłuchaj halko. Jesteś niesamowita! Gładka jak jedwab i we wspaniałym kolorze, dzięki tobie świetnie widoczna jest linia mojej ulubionej sukienki, a jednocześnie pozostajesz na drugim planie. Jesteś taka elegancka i delikatna. Tylko tak dalej!"

Albo:

„Szanowny śrubokręcie, rzadko z ciebie korzystam, ale kiedy już cię potrzebuję, to jesteś niezastąpiony, świetnie się sprawdzasz. Dzięki tobie udało mi się złożyć w okamgnieniu półkę. Uratowałeś też moje paznokcie. Zniszczyłabym je całkowicie, gdybym to nimi próbowała dokręcić śrubę. A co za dizajn! Jesteś wytrzymały i chłodny w dotyku. Masz nowoczesny sznyt".

Kiedy czytasz te zdania, brzmią one nieco dziwnie, ale lekka przesada ma sprawić, że będzie zabawniej, radośniej. Chodzi o to, żeby uświadomić sobie, że przedmioty, których na pewno potrzebujemy, czynią nasze życie szczęśliwszym. **Powinniśmy je zatem traktować jak rzeczy, które przynoszą radość.** W trakcie tego procesu uczymy się precyzyjnie rozpoznawać te rzeczy, które przynoszą nam radość z racji pełnienia przez nie określonej roli.

Jednym z tematów moich lekcji jest docenianie każdej rzeczy, jaką mamy. To także skuteczny sposób na to, żeby kształtować swoją umiejętność oceny. Kiedy dochodzimy do takich przedmiotów jak sprzęty kuchenne, klienci są już w stanie stwierdzić, czy niepozornie wyglądająca patelnia lub stara trzepaczka do jajek przynoszą im radość. Może się też zdarzyć przeciwna sytuacja. Niektórzy z moich klientów odkryli, że ubrania, które noszą do pracy, nie przynoszą im radości. Przyjrzeli się temu bliżej i okazało się, że to ich praca jest źródłem braku zadowolenia, a nie noszony strój. **Chociaż niektóre przedmioty, o których myślimy, że nie dają nam radości, tak naprawdę nas cieszą, to inne dopuszczają do głosu głęboko skrywane niezadowolenie.** Pokazuje to, jak głęboka więź istnieje między nami, a otaczającymi nas przedmiotami.

Kiedy uczymy się procesu sprzątania, co daje nam radość, lepiej poznajemy samych siebie. To jest ostateczny cel robionych przez nas porządków.

Zachowaj ulubiony strój do noszenia po domu

„Ta sukienka przynosi mi radość, ale wiem, że nigdy jej nie założę. Chyba zatem pora ją wyrzucić, prawda?" – powiedziała moja klientka z wahaniem w głosie.

Popatrzyłam na wskazaną przez nią błękitną sukienkę haftowaną w złote kwiaty. Miała bufiaste rękawy i była wykończona falbanami. Strój ten był zbyt krzykliwy, żeby nosić go na co dzień. Klientka wyjaśniła, że miała ją na sobie w trakcie występów, kiedy brała lekcje tańca. Nawet jeżeli miałaby kiedykolwiek wrócić do tańca, to i tak jej nie założy, będzie jej potrzebna nowa sukienka.

„Zawsze czuję miły dreszcz, kiedy na nią patrzę, ale pewnie powinnam się jej pozbyć"– stwierdziła i z niechęcią sięgnęła po worek na śmieci.

„Zaczekaj – powiedziałam. – Może zatrzymasz ją i będziesz nosić po domu?"

Spojrzała na mnie zaskoczona, a potem spoważniała: „Czy to nie będzie dziwne?"

To było bardzo rozsądne pytanie.

„Ale przynosi ci ona radość, prawda?"– nalegałam.

Zamilkła na kilka chwil, a potem odpowiedziała: „Zobaczymy. Założę ją teraz!". Podniosła sukienkę i poszła do pokoju obok. Trzy minuty później drzwi się otworzyły i weszła w pełni odmieniona. Już nie miała na sobie jeansów i koszulki. Nie tylko była ubrana w niebieską sukienkę, ale także założyła złote kolczyki i wpięła we włosy żółtą spinkę kwiatek. Poprawiła sobie nawet makijaż. Tym razem to ja byłam zaskoczona. Jej przemiana przeszła moje oczekiwania. Patrzyłam na nią bez słowa, a ona patrzyła w lustro i się uśmiechała.

„Nieźle, prawda? Chyba włożę ją na naszą następną sesję!"

To oczywiście dość skrajny przykład, jednakże większość moich klientek ma poukrywane jakieś nietypowe ubrania. Spotkałam się już z chińską sukienką, mundurkiem pokojówki i kostiumem tancerki wykonującej taniec brzucha. Jeżeli klientka uwielbia swój strój, to rozstanie się z nim może być bardzo trudne. Jeżeli coś przynosi ci radość, a jednocześnie nie czujesz, że mogłabyś to nosić poza domem, nie ma powodu, dla którego miałabyś zrezygnować z noszenia tego w domu.

Nawet jeżeli czujesz się nieco zażenowana, to spróbuj. Jeżeli uznasz, że strój wygląda zbyt idiotycznie, kiedy go przymierzysz, to przyjmij, że czas się go pozbyć. A jeżeli wygląda lepiej, niż się mogłaś spodziewać, to niech wnosi trochę magii do twojego codziennego życia. Tylko pamiętaj, żeby uprzedzić rodzinę.

Kiedy nosisz ulubione ubrania i otaczasz się bliskimi ci rzeczami, to dom staje się twoim osobistym rajem. Nie wyrzucaj niczego, co przynosi ci radość tylko dlatego, że tego nie używasz. Grozi to niebezpieczeństwem, że w ten sposób zniknie cała radość z twojego domu. Znajdź twórcze sposoby na wykorzystanie tych pozornie bezużytecznych rzeczy. Spróbuj obkleić ścianę szafy fotografiami ulubionych artystów, żeby stworzyć swój kącik radości. Obłóż front plastikowej szuflady w garderobie ulubionymi pocztówkami, żeby ukryć jej zawartość. Wymyślanie ciekawych zastosowań dla rzeczy, które kochasz, sprawia, że sprzątanie jest o wiele przyjemniejsze.

Nie myl tymczasowego nieładu z nawrotem bałaganu

„Tak mi przykro, ale wróciłam do bałaganu". Aż mnie zmroziło, kiedy przeczytałam pierwszą linijkę e-maila od klientki.

„No tak – pomyślałam. – Stało się".

Odkąd zaczęłam udzielać prywatnych lekcji w domach klientów, nikt z nich nie wrócił do bałaganu. Czasami kiedy to mówię, słyszę śmiech: „To niemożliwe. To nie może być prawdą". Albo: „Jak miałabyś osiągnąć taki wynik?". Ale tak jest. Nie powinno to zaskakiwać. Ktoś, kto nauczy się sprzątać, nie ma powodu wracać do bałaganienia.

„Cóż, będę musiała mówić, że moja metoda dawniej była stuprocentowo skuteczna. Chyba przeproszę i zaoferuję ponowne przeszkolenie" – pomyślałam.

Sprawdziłam nazwisko nadawcy i spotkała mnie kolejna niespodzianka. To nie była wiadomość od kogoś, kto ukończył kurs, a od pani, która wciąż miała przed sobą porządkowanie *komono* i przedmiotów o wartości sentymentalnej. Jej ostatnia lekcja była wyznaczona na koniec miesiąca. Do tej pory nikt będący w środku kursu nie twierdził, że wraca do starych nawyków. Coś się musiało wydarzyć. Wiedziałam, że jako pracująca matka dwojga dzieci, kobieta ta musi być bardzo zajęta. Jej mąż, który pracował na pełnym etacie, też nie miał zbyt wiele czasu, żeby jej pomóc.

Kiedy przyszłam na naszą ostatnią sesję, znowu przepraszała: „Tak mi przykro. Wszystko wróciło do dawnego stanu". Ubrania leżały w kącie salonu, pokój z matami tatami wypełniony był zabawkami, a naczynia leżały na blacie kuchennym. To nie był stan sprzyjający prowadzeniu lekcji.

„Zacznijmy od uporządkowania rzeczy i odłożenia ich na wyznaczone miejsce"– powiedziałam.

„Dobry pomysł. A wiesz, udało mi się nawet nieźle wysprzątać biurko". Gawędziłyśmy o tym wszystkim przez chwilę, a potem ona odłożyła wszystko na właściwe miejsce. Złożyła ubrania i włożyła je z powrotem do szuflad, odłożyła zabawki do plastikowego pudła, pluszaki do ratanowego kosza, a kartki, którymi bawiły się dzieci, do kosza na recykling. Przyprawy znowu znalazły się na półeczce w kuchni, a naczynia w szafce. W ciągu pół godziny dom wrócił do stanu z ostatniej lekcji i nic już nie leżało na stole ani na podłodze.

„Widzisz, potrafię posprzątać w ciągu pół godziny – powiedziała. – Jednak kiedy jestem zajęta, to wszędzie rozrzucam rzeczy. Wracam do takiego stanu dwa lub trzy razy w miesiącu".

Opisanego stanu nie kwalifikuje się jako nawrót bałaganu. To chwilowy nieporządek spowodowany tym, że nie odkłada się systematycznie rzeczy na miejsce. Nawrót bałaganu a nieporządek to dwie różne rzeczy. Nawrót bałaganu oznacza stan, w którym rzeczy niemające swojego miejsca zaczynają znowu zalewać dom, chociaż się już go wysprzątało. Jak długo wszystko ma swoje miejsce, to okazjonalne wkradanie się nieładu nie jest problemem.

Muszę przyznać, że kiedy jestem bardzo zajęta, to z domu wybiegam rano, a wracam wieczorem – wykończona. Zanim się obejrzę, narosną stosy prania. Ale nie panikuję, bo wiem, że kiedy tylko będę miała czas, to będę mogła przywrócić ład w mojej przestrzeni. To ogromna ulga wiedzieć, że jestem w stanie posprzątać w ciągu trzydziestu minut.

Nie zakładaj zbyt pochopnie, że wróciłaś do starych nawyków. Już samo takie myślenie może zrujnować motywację i naprawdę się spełnić. Jeżeli doświadczysz pewnego stopnia nieporządku podczas maratonu sprzątania, też się nie zniechęcaj. Odkładaj rzeczy na miejsce, kiedy tylko możesz, i kontynuuj sprzątanie. Pamiętaj przy tym, że nie będziesz miała rozmieszczonych na swoich miejscach rzeczy aż do końca maratonu, więc odkładaj je tam, gdzie ci się wydaje, że powinny leżeć. Im dalej będziesz w procesie sprzątania, tym mniej czasu będzie ci to zajmować, więc nie ma się czym przejmować.

Grunt to wrócić do podstaw. Dopiero kiedy wszystko będzie miało swoje miejsce, okaże się, że dotarłaś do ostatecznego celu. Trzymaj się go, a jestem przekonana, że po dotarciu do mety nigdy nie zawrócisz z obranej drogi.

Kiedy masz ochotę się poddać

Czy po rozpoczęciu maratonu sprzątania w którymś momencie okazało się, że siedzisz na środku pokoju, a końca porządków nie widać? Nie załamuj się tym. Każdy na początku doświadcza tego uczucia.

Co jakiś czas jedna z moich klientek mówi: „KonMari, mam ochotę to rzucić. Zaczęłam od ubrań, ale zabiera mi to za dużo czasu". **Lęk bierze się stąd, że nie ma się całościowej perspektywy.** Jeżeli ci się to przydarzy, to postaraj się zrobić inwentaryzację powierzchni, jaką masz do dyspozycji na przechowywanie rzeczy. Zrób krok w tył i przyjrzyj się obiektywnie temu, czym dysponujesz. Narysuj plan domu, zrób listę półek i mebli służących w nim do przechowywania rzeczy i przedmiotów, jakie w nich się znajdą. Rzeczy będą się niespodziewanie pojawiać podczas sprzątania, więc nie musisz sporządzać dokładnego rejestru. Chodzi o to, żebyś miała ogólne rozeznanie tego, gdzie są trzymane.

Kiedy idę na pierwsze zajęcia do kogoś do domu, nie zaczynam od sortowania ubrań. Zamiast tego sprawdzam, jakie są dostępne półki i szafki. Zadaję to samo pytanie: „Co tu jest? Czy trzymasz rzeczy z tej kategorii w innym miejscu?". Zapamiętuję lokalizację i pojemność każdego typu przestrzeni do przechowywania rzeczy, oceniam, jak długo będzie trwał proces sprzątania, i wizualizuję efekt końcowy.

Postępuję tak jako instruktorka. Twoim celem jest zrobienie rozeznania istniejącego stanu i odzyskanie równowagi. Nie poświęcaj temu zbyt wiele czasu. Pół godziny powinno wystarczyć.

Proces inwentaryzacji będzie odskocznią od sprzątania, małą przerwą. Prosta czynność zrobienia listy szafek i półek w domu przywraca poczucie obiektywizmu. Jeżeli nagle w środku procesu zdasz sobie sprawę, że nie jest to czas na inwentaryzację, bez zwłoki wróć do sprzątania. Z drugiej strony, jeżeli uwielbiasz robić notatki i sporządzać listy, to zrób je. Możesz sobie przygotować listę kontrolną miejsc, w których będziesz przechowywać rzeczy. Jedna z moich klientek przygotowała nawet dziennik sprzątania. Na pierwszej stronie opisała „idealny styl życia". Potem była część zatytułowana: „Sytuacja obecna, problemy ze sprzątaniem, jednostki magazynowe, lista rzeczy według kategorii". Ostatnią częścią był bilans postępów, w ramach którego zapisywała wszystko – od odkryć na temat sprzątania, aż po liczbę worków na śmieci, które wykorzystała.

„Uwielbiam, kiedy uda mi się dokończyć porządkowanie kolejnej kategorii i mogę ją odhaczyć" – powiedziała mi.

Jeżeli sporządzanie list daje ci radość, to poświęć na nie tyle czasu, ile potrzebujesz. A kiedy już będziesz to robić, to może pomyślisz o innych sposobach, które mogą zwiększyć twoją radość w czasie sprzątania?

Terapia szokowa z pomocą zdjęć bałaganu

Na tydzień przed moją pierwszą lekcją z T. dostałam od niej e-mail. Zapoznała się już z podstawami sprzątania, wyobraziła sobie idealny styl życia i wydawało się, że ma bardzo silną motywację, żeby zacząć, ale jej entuzjazm lekko opadł.

„Czuję się tak bardzo zniechęcona bałaganem, że wcale nie mam ochoty na festiwal sprzątania – napisała. – Nie mogę się zmotywować do działania..." Dalej opisywała źródła swojego zniechęcenia: „Jeden z naszych pokoi zamienił się w składzik, a moje dzieci wciąż niweczą moje starania". Zakończyła zdaniem: „Nigdy nie będę mogła skończyć sprzątania, ponieważ mam grupę krwi B". (W Japonii uważa się, że grupa krwi wpływa na osobowość, a grupa A ma mieć większą skłonność do sprzątania i porządku niż B).

Chociaż mogłam jej powiedzieć: „Przestań narzekać i bierz się do pracy", to wiedziałam, że narzekanie wskazuje, że dana osoba tak naprawdę ma energię do działania. Sztuka polega na tym, żeby zamienić obecny bałagan, który wkrótce zniknie, w źródło zabawy.

Jak? Robiąc zdjęcie każdego pokoju, kiedy jeszcze panuje w nim bałagan. Właśnie tak. Zachęcam cię, żebyś zrobiła zdjęcia każdego pokoju, zarówno całego wnętrza, jak i zawartości poszczególnych mebli oraz szuflad. Kiedy spojrzysz na zdjęcia, uświadomisz sobie, że twój pokój jest jeszcze bardziej zagracony, niż myślałaś. Może piętrzą się w nim stosy prania albo wszędzie poniewierają się papiery lub inne przedmioty, a ty zastanawiasz się, skąd one tam się wzięły. Obiektywne spojrzenie na rzeczywistość, która cię otacza, może wywołać szok i niemal rozpacz.

Po co więc miałabym jeszcze potęgować to wrażenie i sprawiać, że będziesz się czuła jeszcze gorzej? Uwierz mi, nie staram się być złośliwa. Wiem dokładnie, jak trudno znaleźć motywację, kiedy nie ma się na coś ochoty. Z mojego doświadczenia wynika, że dużo prościej spaść na samo dno, niż zmusić się do niechcianego działania choćby odrobinę. Kiedy już się znajdę na dnie, to mam tak bardzo dość zniechęcenia, że podnoszę się o wiele szybciej niż wówczas, gdy staram się zmotywować do działania w trakcie czynności, której nie chce mi się wykonywać.

Metoda ta działa nie tylko przed rozpoczęciem sprzątania, ale także wówczas, gdy w jego trakcie poczujesz zniechęcenie. Ciesz się zdjęciami. Podziel się nimi z przyjaciółkami i śmiejcie się z porównań domu przed maratonem sprzątania i po nim. W miarę jak dom staje się coraz bardziej uporządkowany, łatwo zapomina się, jak wyglądał ogarnięty bałaganem. Jedno spojrzenie na zdjęcia i będziesz wiedziała, jak daleko zaszłaś. Znajdziesz w sobie energię, żeby ruszyć dalej. Kiedy moi klienci patrzą na zdjęcia po tym, kiedy już skończyli sprzątać, to wołają: „Cóż to była za graciarnia, no istne śmietnisko!".

Bez względu na to, na jak bardzo zagracony wygląda twój dom, nie zatrzymuj się w trakcie porządkowania go i nie poddawaj się

Minęło już wiele lat od mojego pierwszego zlecenia w tej branży. Widziałam tyle zagraconych domów, że rzadko bałagan jest w stanie mnie zaskoczyć. Trzy lub cztery stosy ubrań na podłodze to dla mnie normalny widok. Kiedy wchodzę do czyjegoś mieszkania i zalewa mnie fala papierów, kiedy na mojej drodze stają góry pudeł, wiem, że jestem w stanie podołać wyzwaniu. A jednak, kiedy przybyłam do domu K., to na widok tego, co zobaczyłam, zakręciło mi się w głowie. Miałam wrażenie, jakbym wchodziła do pieczary demona.

Na parterze domu K. mieściło się biuro gospodyni, a pierwsze i drugie piętro zajmowało jej mieszkanie. Przeszłyśmy przez hol w części biurowej, który wydawał się dość pusty i weszłyśmy na pierwsze piętro. Kiedy drzwi do części mieszkalnej otworzyły się, miałam wrażenie, jakbym znalazła się na planie serialu Strefa mroku.

Przy drzwiach stała kocia kuweta. Po podłodze walały się kawałki czegoś, co wyglądało na kocią karmę, więc nietrudno było na nie nadepnąć. Zaraz też zgniotłam jeden taki kawałek wielkości ziarenka kawy. Kiedy zastanawiałam się, co zrobić z okruszkami pod pantoflem, spojrzałam do góry i wszystkie moje myśli o okruchach zniknęły.

Klatka schodowa przede mną składała się z książek. Albo inaczej: książki, po trzy-cztery stosy piętrzyły się na stopniach schodów, więc drewnianych stopni w ogóle nie było widać. Nie zwracając uwagi na moje osłupienie, K. powiedziała: „Mam tak dużo książek, że sufit aż się od nich ugina". Mówiąc to, skakała po schodach z lekkością doświadczonego robotnika przywykłego do pracy na dużych wysokościach. Stosy książek niebezpiecznie się chwiały, wyglądało, jakby za chwilę miały spaść na dół. Z kolei ja trzymałam się kurczowo poręczy i bardzo powoli wspinałam do góry. Byłam pewna, że jeżeli spadnę z tych schodów, to wyląduję głową w kuwecie. Nie mogłam przestać myśleć o tym, że te przeszkody to świetna pułapka na złodziei.

Udało mi się w jednym kawałku znaleźć na drugim piętrze i przejść z kamienną twarzą przez salon, którego ściany wyglądały, jakby były zrobione z książek. Sypialnia K. przypominała magazyn ciuchów. Ubrania wisiały na prętach zamocowanych do ścian z dwu stron pokoju, skutecznie zasłaniając światło.

Lekcje z K. trwają do dziś. Przyznam szczerze, że udzielam ich już dość długo, w porównaniu do pozostałych klientów – rekordowo długo. Jednak jej dom wygląda teraz zupełnie inaczej. Jako miłośniczka sztuki, K. chodzi na wystawy co najmniej trzy razy w miesiącu. Podczas sprzątania odkryła w swoim domu wiele pięknych wyrobów ceramicznych oraz reprodukcji sławnych obrazów. Ilość gratów zmniejszyła się, ściany są widoczne i można na nich powiesić obrazy. Prace ulubionych malarzy zdobią część pokoju właścicielki, co sprawia wrażenie, że jest się w wyjątkowej galerii. Mieszkanie nie wygląda już jak pieczara demona.

Mimo to co jakiś czas K. pyta mnie: „Wiem, że te miejsca, nad którymi pracowałyśmy, są posprzątane, ale czy jesteś pewna, że warto poświęcać na to wszystko tyle czasu?".

„Tak!"– potwierdzam z mocą, bo jestem przekonana, że posuwający się do przodu proces sprzątania przynosi pozytywne zmiany w życiu mojej klientki.

Bez względu na to, jak bardzo zabałaganiony jest twój dom, sprzątanie polega na kontakcie z obiektami materialnymi. **Niezależnie od tego, ile masz rzeczy, pocieszające jest to, że ich liczba jest zawsze skończona.** Jeżeli uda ci się określić, które rzeczy przynoszą ci radość i gdzie będziesz je trzymać, to proces sprzątania wcześniej czy później się zakończy. Im więcej robisz, tym bliższa jesteś stworzenia domu przepełnionego radością. Nic nie byłoby większym marnotrawstwem niż zatrzymanie się w połowie.

Kiedy już zrobisz pierwszy krok, nie zatrzymuj się, nie przerywaj i nie poddawaj. Niezależnie od tego, jaka jest twoja obecna sytuacja, możesz sprawić, że twój dom stanie się miejscem, które przynosi ci radość. Działa to też w drugą stronę. Jeżeli przerwiesz porządkowanie, to maraton sprzątania nigdy się nie skończy. Jeżeli zatrzymałaś się w połowie, to przestań odkładać dalsze działania na później. Jak najszybciej wróć do pracy.

Jeżeli sprzątanie kiepsko ci wychodzi, to doświadczysz największej zmiany

Zanim zacznę zajęcia, pytam klientów: „Czy dobrze ci idzie sprzątanie?". Zwykle w odpowiedzi słyszę jeden z tych wariantów: dobrze, nieźle albo beznadziejnie, w proporcjach 1 do 3 do 6.

Ludzie, którzy mówią, że sprzątanie dobrze im idzie, zwykle mają dość dobrze uporządkowane domy. Zadają konkretne pytania, ponieważ próbowali różnych metod. Odpowiadam po prostu na konkretne pytania, takie jak: „Czy lepiej trzymać odkurzacz w szafie, czy w schowku?" lub „Trzymam ręczniki w łazience. Czy to dobry pomysł?". Dobrze idzie im też wybieranie tego, co przynosi im radość, tak więc praca posuwa się sprawnie. Często potrzebują tylko przeanalizowania wybranych sposobów przechowywania przedmiotów.

Ludzie, którym sprzątanie idzie nieźle, robią to zazwyczaj w swoim własnym stylu i mogliby działać tak dalej. Ponieważ bardzo się starają, szkoda byłoby nie w pełni wykorzystać ich potencjał. Mają przypisane miejsca, w których mogą trzymać swoje rzeczy, ale wciąż gromadzą rzeczy, które nie przynoszą im radości, a ich system przechowywania jest dość złożony. Rzeczy z tej samej kategorii są rozłożone po całym domu. Uczę takie osoby podstaw metody KonMari.

Wreszcie, istnieje grupa ludzi, którzy nie radzą sobie ze sprzątaniem. Kiedy widzę te nieprzebrane ilości nagromadzonych przez nich rzeczy, to przychodzi mi na myśl, że oni specjalnie zrobili taki bałagan, żeby mnie sprawdzić. Jedna klientka wyznała mi, że sądziła, iż jej pokój ma służyć tylko do przechowywania rzeczy. Zanim takie osoby przejdą do sprawdzania, co przynosi im radość, najczęściej trzeba poświęcić trochę czasu na usunięcie części przedmiotów z podłogi i odkurzenie jej, żeby można było w ogóle położyć ubrania w jednym miejscu.

Bez względu na to, czy klientowi albo klientce dobrze idzie sprzątanie, czy źle, każdy jest w stanie się tego nauczyć. Ci natomiast, którzy sądzą, że są całkowicie beznadziejni, przechodzą najbardziej spektakularną przemianę. Kiedy tylko nabędą pierwsze umiejętności, to sprzątają z ogromnym zaangażowaniem. Osobista percepcja własnych umiejętności opiera się wszak na przekonaniach. Ludzie, którzy sądzą, że sprzątanie idzie im tak źle, po prostu nigdy się tego nie nauczyli i nie doświadczyli, jak to jest mieć porządek w domu.

Kiedyś dostałam e-mail od męża mojej klientki, który napisał, że „żona wydaje się inną osobą". Była typem kogoś, kto nie zwraca uwagi na rzeczy, w dobrym i złym tego słowa znaczeniu. „Nie patrzyła pod nogi, nie obracała się i nigdy nie odkładała na miejsce niczego, co brała do rąk. Nie przeszkadzało jej to. To ja byłem w pełni odpowiedzialny za utrzymanie ładu. Teraz całkowicie się zmieniła, bardzo sumiennie sprząta".

Wyobraź sobie, jaki wpływ taka zmiana może mieć na twoje życie. **Opiekuńczy duch porządków nigdy nikogo nie zostawia w potrzebie, nawet tych, którzy w siebie nie wierzą.** Najpierw jednak musisz podjąć decyzję, że zaczniesz sprzątać.

Możemy zmienić nasze życie tylko wówczas, jeżeli szczerze będziemy tego pragnęli. A kiedy skończymy, to z pewnością zostanie nam to wynagrodzone.

2

JAK WYPEŁNIĆ DOM RADOŚCIĄ

Wyobraź sobie swój idealny styl życia, patrząc na jedno zdjęcie

„Najpierw dokończ proces wyrzucania". Z pewnością teraz już wiesz, że jest to podstawowa zasada metody KonMari. Jeżeli zaczniesz zastanawiać się, gdzie trzymać konkretne rzeczy, zanim skończysz wyrzucać, to nie zajdziesz daleko. To dlatego najważniejsze, żeby skupić się na wyrzucaniu.

Ci z was, którzy już zaczęli maraton sprzątania, wiedzą, że chociaż na początku wyrzucania można odczuwać dużą niepewność, to z czasem staje się to przyjemne. Powinien się nam jednak włączyć w tym momencie dzwonek alarmowy. Nie powinniśmy zamienić się w maszynę do wyrzucania tylko dlatego, że dobrze się z tym czujemy. **Wyrzucanie rzeczy samo w sobie nigdy nie wniesie radości do twojego życia.**

Nie ono jest celem. Ważne, żeby zatrzymać te rzeczy, które przynoszą ci radość. Nie sądzę, żebyś stała się szczęśliwa przez to, że wszystko wyrzucisz i zostanie ci pusty dom.

Celem sprzątania powinno być stworzenie otoczenia, które wypełnione jest rzeczami budzącymi twoje pozytywne emocje, niosącymi radość.

To dlatego tak ważne jest, aby zacząć cały proces od rozpoznania tego, co uważasz za swój idealny styl życia. Mam do ciebie przy tym pewną prośbę. Nie nakładaj na swoje marzenia ograniczeń. Twój idealny obraz to nie obiektywna analiza ani zobowiązanie, nie musisz się zatem hamować. Oddaj się swoim najbardziej szalonym fantazjom. Może chcesz mieszkać w pokoju, który cały jest urządzony w bieli? A może chcesz bogato ozdobionej przestrzeni z pięknymi obrazami na ścianach? A może marzy ci się pomieszczenie, w którym jest tyle roślin, że masz wrażenie, iż mieszkasz w lesie?

Niektórym osobom opisanie idealnego stylu życia wyda się bardzo trudne. W takim przypadku sugeruję wybranie jednego obrazu, który odzwierciedla twój ideał. Możesz go sobie wyobrazić, ale jeżeli masz choć jedno zdjęcie pokazujące przestrzeń, w której chciałabyś żyć, to ułatwi ono zmianę twojego nastawienia do sprzątania.

Ważne jest, żeby szybko i sprawnie znaleźć taki obrazek. Jeżeli myślisz: „Na pewno natrafię kiedyś na takie zdjęcie, wystarczy tylko zaczekać", to nigdy się to nie wydarzy. Otocz się magazynami z zakresu wystroju wnętrz i dokładnie je przejrzyj. Oczywiście przeglądanie codziennie innego magazynu może być przyjemne, ale ryzykujesz, że nie będziesz w stanie podjąć decyzji. Twoja opinia może zmieniać się z dnia na dzień i będzie ci coraz trudniej określić wymarzony styl życia. Wnętrza pokazane w magazynach będą wyglądać wspaniale. Jednego dnia będą cię pociągać te rustykalne, innym razem w stylu japońskim, a jeszcze kiedy indziej przypominające elegancki kurort. Łatwiej jest określić, które aspekty cię pociągają, jeżeli przyjrzysz się zestawowi różnych wnętrz jednocześnie. Może na przykład zauważysz, że żywiej reagujesz na białe pokoje albo takie, w których jest dużo roślin, niż urządzone w konkretnym stylu.

Wybierz zestaw czasopism z zakresu wystroju wnętrz i przejrzyj je sprawnie. Kiedy znajdziesz zdjęcie, które do ciebie przemawia, zachowaj je w kalendarzu albo na biurku, żebyś mogła do niego wracać.

Z pełnym przekonaniem zachowaj rzeczy, co do których nie masz pewności

Eksperci od sprzątania często zalecają odkładanie do oddzielnego pudła rzeczy, co do których nie jesteśmy pewni, czy chcemy je zostawić. Jeżeli nie korzysta się z nich przez trzy miesiące, można je wyrzucić. Brzmi to jak świetny pomysł i jest też łatwe do zrealizowania. Ja jednak radziłabym coś dokładnie odwrotnego, również dlatego że to podejście nie sprawdziło się w moim przypadku, mimo że próbowałam je stosować przez dwa i pół roku.

Kiedy zetknęłam się z nim po raz pierwszy, uderzyła mnie jego prostota i logika, a także miałam świetny pretekst, żeby pozbyć się kilku rzeczy. „Cóż, nie korzystałam z tego przez trzy miesiące, więc chyba nie ma innej rady". W tamtym czasie miałam obsesję na punkcie sprzątania i zaczynałam czuć, że wyrzucam za dużo, więc mechanizm tej metody świetnie pozwalał zagłuszyć moje niejasne poczucie winy. Być może dlatego stosowałam ją dość długo. Pierwszym krokiem było umieszczenie wszystkiego, co mieściło się w kategorii przedmiotów budzących wątpliwości, czyli tych, które mnie nie zachwyciły, do papierowej torby i trzymanie ich w szafie. Wszystko miało mieć etykietkę z datą „dnia sądu", ale pominęłam tę część, bo aż tylu rzeczy tego typu nie miałam. Przez następne trzy miesiące życie toczyło się dalej.

Nigdy nie sięgnęłam po rzeczy, które umieściłam w tej torbie. Teoretycznie wszystko, co trafiło do niej, zostało ocalone od znalezienia się na śmietniku. To powinno było mnie ucieszyć, ale tak naprawdę za każdym razem, kiedy mój wzrok padał na torbę, czułam przypływ poczucia winy. Na widok tej torby natychmiast czułam się źle. Sądziłam, że pomoże mi, jeżeli przesunę ją na drugą stronę szafy, gdzie rzadziej zaglądam, ale niczego to nie zmieniło.

Zajrzałam do torby. Wyjęłam nóż bambusowy i zaczęłam nim otwierać listy, chociaż tak naprawdę go nie potrzebowałam. Wyjęłam notesik z postaciami z kreskówek, który kupiłam przez pomyłkę, i który mi się nie podobał. Skorzystałam z niego raz czy dwa. Miałam więcej notesów, niż mogłabym wykorzystać, a tego akurat nie lubiłam. Zdecydowałam się na te działania dlatego, że myślałam o zbliżającym się dniu wyrzucenia tych przedmiotów. Na początku nie mogłam się doczekać upływu tych trzech miesięcy. Kiedy okres ten zaczął zbliżać się ku końcowi, zaczęłam się gromić za to, że nie korzystam z rzeczy z torby. W rezultacie czułam się o wiele bardziej winna, kiedy po upływie wyznaczonego czasu pozbywałam się tych rzeczy, niż przed trzema miesiącami, kiedy wyrzucałam inne rzeczy. Ostatnim razem, kiedy powtórzyłam to ćwiczenie, zapomniałam o przedmiotach w torbie na pół roku.

Patrząc z dzisiejszej perspektywy, udzieliłabym samej sobie z tamtego okresu następującej rady: „Posłuchaj, jeżeli nie jesteś w stanie czegoś wyrzucić, to zatrzymaj to bez wyrzutów sumienia. Nie musisz tego wkładać do osobnej torby, aby odroczyć wykonanie wyroku". Zamiast czekać następne trzy miesiące, czy nie lepiej byłoby podjąć decyzję od razu?

Spróbuj przyjąć perspektywę rzeczy z torby. To tak jakbyś do nich powiedziała: „Wiecie, nie zachwycacie mnie i wątpię, czy z was skorzystam, ale poczekacie tu przez trzy miesiące, bo może przyjdzie mi do głowy, aby po was sięgnąć". Po tym jak zostały odrzucone, słyszą po trzech miesiącach: „No cóż, nie zachwycacie mnie nadal" i tak trafiają do śmieci. To przecież tortura.

W mojej książce nazywam odkładanie rzeczy tylko po to, żeby usprawiedliwić ich wyrzucenie, przestępstwem.

Odkładanie rzeczy na bok powoduje, że skupiamy się na tych, które nie przynoszą nam radości. **Mamy tylko dwie opcje: zatrzymać daną rzecz albo się jej pozbyć. A jeżeli zamierzasz coś zatrzymać, to dbaj o tę rzecz.**

Kiedy jednak postanowisz, żeby coś odłożyć na pewien czas przed podjęciem ostatecznej decyzji o losie tego przedmiotu, traktuj go, jakby był czymś cennym, a nie z ciężkim sercem udzielaj mu abolicji. To pozwoli ci uwolnić się od poczucia winy i dyskomfortu. Umieść tę rzecz w takim miejscu, żebyś nie zapomniała o jej istnieniu. Możesz na przykład zdecydować, że rozstaniesz się z czymś, jeżeli przez całe lato z tego nie skorzystasz, ale dopóki dana rzecz jest w twoim domu, to traktuj ją jak coś, co kochasz. Jeżeli zdasz sobie sprawę, że przedmiot nie przynosi ci radości i spełnił swój cel, to podziękuj mu za to, że ci służył, i pozbądź się go.

Jeszcze raz powtórzę dla jasności. **Zamiast chować po kątach rzeczy, co do których nie jesteś pewna, że dają ci radość, korzystaj z nich z otwartością.** Traktuj je tak, jak inne otaczające cię rzeczy przynoszące radość.

Dom wypełniony radością jest jak osobiste muzeum sztuki

Spędziwszy większość życia na oglądaniu najróżniejszych przedmiotów, w tym należących do moich klientów, odkryłam, że trzy elementy decydują o tym, że dana rzecz przyciąga naszą uwagę: piękno przedmiotu (atrakcyjność dana mu przez twórcę), uczucia, jakie zostały na dany przedmiot przelane (atrakcyjność nabyta) i historia przedmiotu (wartość doświadczenia).

Uwielbiam chodzić do galerii sztuki. Lubię patrzeć na obrazy i zdjęcia, ale za najpiękniejsze obiekty uważam te, które służą w życiu codziennym, na przykład naczynia czy popielniczki. Moim zdaniem przedmiot, który był ceniony przez tak wielu ludzi, zyskuje o wiele większą wartość, niż miał na początku. W przypadku wielu przedmiotów siła ich przyciągania pochodzi od estymy, jaką darzyli je właściciele.

Na tę samą tajemniczą siłę przyciągania natykam się w domach klientów. Na przykład N. mieszkała w eleganckim domu, który należał do jej rodziny od czterech pokoleń i było w nim bardzo dużo zastawy stołowej. Kredens w jadalni i szafki w kuchni były nią wypełnione, a jeszcze więcej naczyń stało zapakowane w schowku. Kiedy zebrałyśmy je wszystkie i umieściłyśmy na podłodze, pokryły powierzchnię trzech mat tatami (około 7,3 m^2). N. właśnie skończyła sprzątać przedmioty z kategorii *komono* (różne) i już z dużą wprawą sortowała rzeczy. Przez jakiś czas słychać było brzęk naczyń, kiedy brała je, odkładała i brała znowu, mówiąc do siebie: „To przynosi radość, to nie".

W trakcie tego procesu patrzyłam na przedmioty znajdujące się w rękach klientki, zastanawiając się, jak je rozmieścić.

Nagle mój wzrok padł na mały talerzyk w kąciku „radość". „To szczególny talerz, prawda?"– spytałam.

N. spojrzała na mnie zaskoczona. „Nieszczególnie. Prawdę mówiąc, zapomniałam nawet, że go mam. Nie podoba mi się nawet za bardzo kształt, ale jest w nim coś, co mnie porusza". Był dosyć masywny, szary i nie miał wzorów. Trochę nie pasował do reszty naczyń, które wybrała, a których większość była kolorowa i wzorzysta. Po lekcji napisała mi w e-mailu, że zapytała o niego matkę. Dziadek N. zrobił ten mały talerzyk dla babci N., która przechowywała go przez resztę życia. „To dziwne – napisała N. – Chociaż nigdy nie słyszałam tej historii, to i tak talerzyk dawał mi radość". Podczas następnej wizyty u N. zauważyłam, że talerzyk stoi na ołtarzyku Buddy i leżały na nim słodycze. Wnosił w tę małą przestrzeń niezwykłe ciepło.

Jestem przekonana, że rzeczy, które były kochane i cenione, nabywają charakteru. Kiedy otaczamy się tylko rzeczami, które wywołują w nas radość i obdarzamy je miłością, możemy przemienić nasz dom w przestrzeń wypełnioną cennymi eksponatami, nasze własne muzeum sztuki.

Wnieś barwy do swojego życia

„Skończyłam sprzątać i moje mieszkanie jest czyste i śliczne! Ale nie czuję, że skończyłam porządkowanie". Domy ludzi, którzy się tak czują, zwykle łączy brak kolorów…

Kiedy kończy się faza redukcji ilości nagromadzonych dóbr, czas na dodanie radości. Zwykle można to zrobić, dekorując przestrzeń rzeczami, które kochamy, ale które wcześniej nie miały zastosowania. Jednak ludzie, którzy mają niewielkie doświadczenie w wybieraniu rzeczy, które wywołują radość, będą musieli ich poszukać. Często okazuje się, że jedną z rzeczy, których tak bardzo brakuje w ich życiu, jest kolor. Idealnym rozwiązaniem byłby zakup nowych zasłon czy nowej narzuty w ulubionych kolorach, ale nie jest to dobre rozwiązanie dla wszystkich.

Najłatwiej w takim przypadku sięgnąć po kwiaty. Jeżeli masz trudności z aranżowaniem kwiatów ciętych, rośliny doniczkowe też świetnie się nadadzą. W czasach licealnych często wykorzystywałam kwiaty, żeby rozjaśnić swój pokój. A dokładniej – kupowałam pojedynczą gerberę, która kosztowała sto jenów (równowartość dolara), w kolorze na który miałam akurat ochotę popatrzeć.

Zastanawiałam się, dlaczego kolor jest dla mnie tak ważny, aż któregoś dnia zrozumiałam, że jest to związane z posiłkami, które gotowała moja matka. Zawsze przygotowywała różnorodny zestaw potraw do każdego posiłku i stół mienił się kolorami. Jeżeli na stole było zbyt dużo jednej barwy, na przykład duszony kurczak z łopianem, wieprzowina sauté z grzybami, zupa miso z bakłażanem i tofu z wodorostami, patrzyła na stół i mówiła: „Za dużo tu brązowego. Potrzebujemy więcej koloru", a następnie dodawała talerzyk z plasterkami pomidorów. Ten jeden mały element rozjaśniał stół i nasz posiłek był o wiele przyjemniejszy. Tak samo jest z naszymi domami. Jeżeli pokój wygląda nieco smutno, to pojedynczy kwiat potrafi go ożywić.

Byłam kiedyś w domu pewnej sławnej osoby, żeby zaprezentować lekcję pokazową dla programu telewizyjnego. Mieszkała w dwupoziomowym apartamencie, w którym jej pracownia zajmowała piętro. Gabinet był względnie uporządkowany, na podłodze stało tylko jedno pudło dokumentów. Kiedy zeszłyśmy na dół, do jej sypialni, znalazłyśmy się w zupełnie innym świecie.

Pierwsza rzecz, która mnie uderzyła, to sześć włączonych automatów do gier. Na wyświetlaczach migotały postacie z kreskówek, a pokój wypełniał szum maszyn. Spotkałam ludzi, którzy kolekcjonują tarcze i lotki do gry w darta oraz elementy do gry w madżonga, ale nigdy nie widziałam domu udekorowanego automatami do gier! Stały tam jeszcze dwa dodatkowe automaty, ale te nie były uruchomione.

„Przynoszą mi najwięcej radości" – wyjaśniła gospodyni, uśmiechając się z pewnością siebie. Automaty do gier są dla niej jak kwiaty dla mnie, pomyślałam. Po skończeniu porządkowania migające maszyny stały w sypialni nadal, sprawiając właścicielce wiele radości.

Ważniejsze, żebyś ozdobiła swój dom rzeczami, które kochasz, niż żeby wyglądał na pusty i był pozbawiony przedmiotów, które sprawiają ci radość. Po zakończeniu maratonu sprzątania domy wielu z moich klientów wyglądają na puste, ale przechodzą szybką przemianę. Rok później bije od nich radość. Rzeczy, które kochają gospodarze, są na poczesnym miejscu, zmieniają się zasłony i narzuty, które są teraz w ulubionych kolorach. Jeżeli myślisz, że sprzątanie to tylko pozbywanie się nadmiaru rzeczy, to się mylisz. Pamiętaj, że **prawdziwym celem porządkowania jest znalezienie i zatrzymanie rzeczy, które cię cieszą, pokazywanie ich z dumą i życie pełne radości.**

Jak spożytkować większość bezużytecznych rzeczy, które wciąż cieszą

„Nie jestem pewna, czy to się w ogóle przyda, ale sam widok tego przedmiotu już mnie uszczęśliwia. Wystarczy, że go mam". Zwykle klientka mówi to, trzymając jakąś przypadkową rzecz, na przykład kawałek materiału czy zepsutą broszkę.

Jeżeli coś cię uszczęśliwia, to śmiało daną rzecz zatrzymaj, nawet jeżeli ktoś miałby skrytykować twoją decyzję. Jeżeli trzymasz taki przedmiot w pudełku, ale samo przyglądanie się mu sprawi ci radość, to go zachowaj. Skoro zamierzasz daną rzecz zatrzymać, to dlaczego nie wykorzystać jej jak najlepiej? Rzeczy, których posiadanie tylko tobie wydaje się mieć sens, które tylko ty możesz pokochać, to dokładnie te rzeczy, które powinnaś trzymać na widoku.

Takie rzeczy możesz wykorzystać w celu upiększenia domu: umieścić je na czymś (na talerzyku, w ramce itd.); powiesić je (np. breloczki, bransoletki, łańcuszki); przyczepić je albo przykleić (kartki pocztowe, papier do pakowania) albo opakować coś w nie lub nimi przykryć (np. kawałki materiału czy serwetki).

Zacznijmy od pierwszej kategorii – bibeloty do położenia na czymś. To proste rozwiązanie można zastosować do pokazania ozdóbek i figurek, które są przeznaczone do prezentowania, ale także do eksponowania innych przedmiotów. Kiedy umieści się kilka takich przedmiotów na półce, wyglądają dość przypadkowo, proponuję więc, żeby nadać im „ramy", poprzez położenie ich na talerzyku, tacy, ładnej serwetce czy też w koszyczku. Nie tylko wyglądają ładniej, ale też łatwiej je czyścić. Jeżeli oczywiście wolisz mniej uporządkowany sposób ich przechowywania, to śmiało go zastosuj. Mogą być na widoku, ale mogą także cieszyć twoje oko z wnętrza szuflad czy pojemników. Na przykład jedna z moich klientek umieściła broszkę-żabkę na bukieciku z papierowych kwiatów i położyła taki zestaw w szufladzie z bielizną. Nie zapomnę uśmiechu, jaki malował się na jej twarzy, kiedy mi o tym powiedziała: „Uszczęśliwia mnie widok żabki zerkającej na mnie, kiedy tylko otworzę szufladę".

Jeżeli chodzi o drugą kategorię, czyli przedmioty wiszące, to breloczki czy bransoletki można zawiesić w szafie na ubrania na wieszakach, jako akcent dekoracyjny. Wieszaki można także udekorować wstążkami do przewiązywania prezentów albo nienoszonymi już wisiorkami. Można także zawiesić przedmioty na haczykach na ścianie, na zakończeniach karniszy albo w innych niestandardowych miejscach. Jeżeli jakaś rzecz jest za długa i wygląda nieestetycznie, to można ją obciąć albo związać, żeby dostosować długość.

Jeżeli masz zbyt wiele rzeczy, a za mało miejsca na wyeksponowanie ich, to spróbuj stworzyć z nich jedną ozdobę. Jedna z moich klientek zrobiła całkiem interesującą zasłonę, łącząc ze sobą smyczki i maskotki do telefonów komórkowych. Widok maskotek dyndających w drzwiach był raczej dziwny, ale właścicielka twierdziła, że dzięki temu wejście do jej pokoju przemieniło się we wrota do raju.

Trzecią kategorię przedmiotów tworzą rzeczy do przyklejenia i przypięcia. Dekorowanie wewnętrznej strony drzwi szafy plakatami, na które nie ma się innego miejsca, jest standardową praktyką w metodzie KonMari. Dzięki temu każda szafa, szafka czy też wnętrze szuflady lub spód półek może zyskać ciekawy akcent. W tym celu można wykorzystać tkaninę, papier czy cokolwiek innego, czego oglądanie sprawi ci przyjemność.

Zauważyłam, że wiele z moich klientek przygotowuje spersonalizowane tablice ze zdjęciami, które przedstawiają ich inspiracje, na przykład idealne domy czy zdjęcia krajów, które chcą odwiedzić. Są to właściwie kolaże, które dają im radość. Jeżeli podoba ci się ten pomysł, przygotuj sobie taką planszę.

Ostatnia kategoria rzeczy, dzięki którym udekorujesz swoje wnętrze ulubionymi przedmiotami, to kawałki tkanin w piękne wzory, serwetki czy torby na zakupy. Żywot takich rzeczy można przedłużyć, wykorzystując je do owinięcia kabli plączących się po pomieszczeniu czy też jako woreczki na sprzęty domowe, kiedy nie są w użyciu, na przykład wentylatory w zimie. Zapasowe poduszki można przechowywać w materiałowych torbach. Takie torby sprawdzą się równie dobrze jak torby próżniowe.

Jeżeli lubisz szyć, to możesz pokusić się o przygotowanie pięknych opakowań z nienoszonych, ale atrakcyjnie wyglądających ubrań. Samo owinięcie rzeczy w piękny materiał sprawi, że przestrzeń nabierze uroku.

Kiedy już skończysz porządkowanie, dostrzeżesz, że rzeczy, które potrafią cię cieszyć, są wszędzie. Kiedy otworzysz szufladę albo szafę i spojrzysz na wewnętrzną stronę drzwi, twoje serce wypełni się radością. Może się to wydawać niemożliwym do zrealizowania marzeniem, ale leży ono w twoim zasięgu. Jeżeli masz różne przedmioty, które kochasz, chociaż wydają się bezużyteczne, to wystaw je na światło dzienne. Na pewno był powód, dla którego zdecydowałaś się zabrać je do domu. Powinny zatem służyć właścicielowi.

Kiedy natrafisz w czasie sprzątania na coś z kategorii różne, co wywołuje w tobie radość, ale wydaje się bezużyteczne,

Dodaj trochę radości do szaf i schowków

Rzeczy do położenia

Rzeczy do powieszenia

Rzeczy do przypięcia albo przyklejenia

Rzeczy do owinięcia innych

to polecam odłożenie tej rzeczy do kategorii „elementy dekoracyjne" i wrócenie do niej, kiedy skończysz. Chociaż mogłabyś się zatrzymać i sporządzić dekoracje z każdego znalezionego przedmiotu, to jednak może to zaburzyć proces sprzątania. Pomysły na udekorowanie domu spłyną na ciebie szerokim nurtem, kiedy skończysz maraton sprzątania. Dom czysty i uporządkowany będzie sprzyjał uwolnieniu się radości.

Stwórz zakątek tylko dla siebie

Jedna z moich klientek uporządkowała małą wnękę i zamieniła ją w przestrzeń tylko dla siebie. Wyposażyła ją w wygodny fotel, z którego nikt nie korzystał, i niewielki regał, ścianę wyłożyła tkaniną w ulubiony wzór i wykorzystała lampki choinkowe, żeby oświetlić tę przestrzeń. Powstał niezwykły zakątek, z którego chętnie korzystają także odwiedzające moją klientkę wnuki. „Kiedy tylko mogę spędzić tam czas na czytaniu książek albo słuchaniu muzyki, czuję się szczęśliwa" – wyznała mi.

Upewnij się, że w domu masz takie miejsce, taki kącik wypełniony rzeczami, które kochasz. Jeżeli nie masz dla siebie całego pokoju, to wykorzystaj część pomieszczenia albo szafy. Jeżeli masz biurko, to może być to twoja osobista przestrzeń. Jeżeli jesteś rodzicem, który pracuje w domu i spędza dużo czasu w kuchni, to stwórz w niej kącik, który daje ci poczucie radości. Na przykład jedna z moich klientek powiesiła w kuchni tablicę korkową, na której są zdjęcia jej dzieci, ich odciski rąk i prezenty z okazji Dnia Matki. „Gotowanie sprawia mi o wiele więcej radości" – powiedziała do mnie z widoczną satysfakcją.

Efekt, jaki może przynieść posiadanie własnej przestrzeni, niezależnie od jej umiejscowienia czy rozmiaru, jest bezcenny. Posiadanie własnego miejsca, które jest wypełnione radością, to jak ogrzewacz dłoni w kieszeni w zimny dzień.

Jedna z moich klientek kochała motywy z grzybami. Zbierała widokówki z grzybami, breloczki i gumki do ścierania z tym motywem, miała nawet czyścidełko do uszu z końcówką w kształcie grzyba. „To taki niesamowity kształt – wyjaśniła. – Poza tym grzyby mają w sobie niezwykłą skromność, wyrastają w cieniu wielkich drzew". Na jej twarzy malował się zachwyt, kiedy opisywała uroki grzybów i cudownie było widzieć, ile radości jej dają, ale niestety leżały głęboko schowane. Kartki z grzybami tkwiły w plastikowym opakowaniu, nierozpakowane breloczki były wrzucone do wielkiego kartonu po krakersach.

Kiedy zapytałam ją, jak często otwiera pudło i ogląda swoje skarby, powiedziała, że raz w miesiącu. Tak więc nawet jeżeli spędzała dwie godziny, patrząc na nie, to miała dwadzieścia cztery godziny przyjemności przez cały rok. W takim tempie jej cenne grzyby miały zmurszeć. To jest czas na to, żeby stworzyć własną osobistą przestrzeń i udekorować ją rzeczami, które uwielbiasz.

Klientka ta stworzyła swój grzybowy zakątek w szafie. Udekorowała fronty przezroczystych plastikowych pudeł widokówkami, zapasowy komplet pościeli był osłonięty poszewką z wzorem w grzyby, breloczkami ozdobiła wieszaki, a miniaturki grzybowe postawiła na jednej z półek.

Wyobraź sobie, jak to jest wrócić do domu po długim, męczącym dniu i odnaleźć się w swoim ukochanym zakątku. Jeżeli zmniejszyłaś swój stan posiadania, ale nie czujesz w domu radości, spróbuj zebrać wybrane przedmioty w jednym miejscu i stworzyć wyjątkową przestrzeń. Zobaczysz, o ile więcej radości będzie przynosił ci czas, jaki spędzasz w domu.

3

WSZYSTKO CO POWINNAŚ WIEDZIEĆ O TYM, JAK CZERPAĆ RADOŚĆ Z PRZECHOWYWANIA RZECZY

W czasie sprzątania przechowywanie rzeczy ma charakter przejściowy

Wydaje się, że sprzątanie postępuje sprawnie, aż nagle ogarnia cię fala niepokoju. Znacznie zmniejszyłaś liczbę posiadanych rzeczy, ale nie zdecydowałaś jeszcze, gdzie umieścić to, co zostało. Poza tym pomieszczenia znowu wyglądają na zagracone. Czyżby to tylko twoja wyobraźnia?

Nie, to wrażenie to nie twoja imaginacja. Wielu ludzi doświadcza tego samego, zazwyczaj po zakończeniu segregowania ubrań i książek oraz w trakcie sortowania *komono* (rzeczy różne). Możesz jednak odetchnąć. Jest to całkowicie naturalne, że przestrzeń wokół ciebie staje się zagracona w trakcie maratonu sprzątania. Kategoria *komono* obejmuje szerokie spektrum przedmiotów, a zatem na pewien czas powoduje przyrost nieporządku.

Dawniej nalegałam, żeby klienci postanawiali, gdzie umieścić przedmioty z kategorii *komono*, gdy tylko skończyli ich selekcję. „Artykuły biurowe do tej szuflady, proszę", „Narzędzia do schowka" i tak dalej. Odłożenie rzeczy na miejsce od razu sprawia, że w domu panuje ład, a ja wychodzę na profesjonalistkę. Zgadza się, popisywałam się.

Trudno objąć wszystkie rzeczy z kategorii *komono*, dopóki nie zakończyło się procesu selekcji. Liczba kategorii jest bardzo duża i to, co ludzie posiadają, także jest bardzo różne. Żeby jeszcze skomplikować sprawę, klienci często klasyfikują rzeczy różnie. Dla jednej osoby nóż do papieru jest artykułem biurowym, a dla innej – materiałem plastycznym. Ludzie często poszerzają lub zmieniają zawartość danej kategorii. „Może ten ogrzewacz dłoni tak naprawdę powinno się umieścić w kategorii leki i artykuły medyczne?"

Kiedy w czasie porządkowania *komono* moi klienci na bieżąco chowali rzeczy, to wkrótce zaczynały one wylewać się z uporządkowanych szuflad, a przedmioty z tej samej kategorii znajdowały się w różnych zakątkach domu. Zaczynałam panikować, a mój umysł ogarniała pustka. W końcu musiałam powiedzieć: „Przykro mi, ale czy możemy jeszcze raz zebrać te różne drobiazgi i przyjrzeć się im od nowa?". Potem ponownie zaczynałam sortowanie według kategorii przedmiotów. Zamiast zaoszczędzić czas, traciłam go.

Po kilkakrotnym popełnieniu tego samego błędu zdałam sobie wreszcie sprawę, że rozmieszczanie rzeczy w odpowiednich miejscach powinno nastąpić na końcu maratonu sprzątania. Dopiero kiedy skończysz wszystko sortować, możesz tak naprawdę określić, ile czego masz i jakie są właściwe kategorie. Rzeczy powinny trafiać w tymczasowe miejsca, dopóki nie skończy się całego procesu sortowania.

Ważne, aby w czasie całego procesu sortowania trzymać rzeczy z jednej kategorii razem, czy będą to materiały biurowe, czy medyczne. Najlepiej przechowywać je tymczasowo w pudle, a nie w worku, bo będzie lepiej widać, co chcesz zatrzymać.

Kiedy już przeprowadzisz „test radości" dla *komono*, trzeba znaleźć dla każdej rzeczy miejsce. Możesz mieć tyle rzeczy, że trudno będzie uporządkować je w jeden dzień. W takim przypadku radzę schować pudła do szafy, żebyś mogła normalnie funkcjonować.

Jeżeli zostanie ci nadmiar plastikowych pudeł w czasie sprzątania, to odłóż je na bok, zamiast wyrzucać. Połóż je w miejscu przeznaczonym na opakowania i wykorzystaj je na końcowym etapie. Jeżeli pozbędziesz się tylu rzeczy, że będziesz miała więcej pudeł, niż potrzebujesz, to śmiało wyrzuć te zbędne.

Przechowuj rzeczy grupowane według materiału, z jakiego zostały zrobione

Mówiąc szczerze, wybór tego czy innego miejsca do przechowywania danej rzeczy jest umowny. Ja stosuję kryterium materiału, z jakiego rzecz jest zrobiona, aby łatwiej mi było pogrupować przedmioty do ułożenia w jednym miejscu. Kiedy planuję ogólny rozkład przestrzeni, jaką mam do dyspozycji, to biorę pod uwagę materiał, z jakiego zrobiona jest dana rzecz, na przykład tkanina, papier, glina i kładę rzeczy zrobione z podobnego materiału obok siebie.

Rozdzielam przedmioty do trzech kategorii: z tkanin, papieru i elektronikę, przede wszystkim dlatego, że najłatwiej je zidentyfikować i że najczęściej można je znaleźć rozrzucone po domu. Rzeczy z kategorii „tkaniny", takie jak fartuchy, torby i prześcieradła przechowuję obok ubrań. Dokumenty, notesy, pocztówki i koperty przechowuję w pobliżu regałów z książkami. Do kategorii „elektronika" należą: sprzęt elektroniczny, kable, USB i tak dalej. Kremy i maści klasyfikuję jako „płyny", jedzenie jako „artykuły żywnościowe", a naczynia dzielę na „ceramikę" i „szkło".

Oczywiście nie wszystko da się podzielić na podstawie samego typu materiału. Nie każda rzecz jest zrobiona z jednego materiału, a rzeczy z tej samej kategorii mogą być zrobione z różnych materiałów. Ważne, żeby o nich pamiętać. To bardzo upraszcza proces składowania.

Podejście to wypracowałam po wypróbowaniu różnych technik i okazało się, że mogę osiągnąć zupełnie inny poziom czystości i schludności. Każdy materiał generuje unikatową aurę. Tkaniny i papier, które zrobione są z roślin, oddychają i promienieją ciepłem. Plastik jest o wiele gęstszy. Sprawia, że ma się wrażenie, iż w szufladzie jest ciaśniej. Odbiorniki telewizyjne, kable elektryczne i inne tego typu przedmioty mają lekko drażniący zapach. Umieszczenie przedmiotów o podobnej aurze blisko siebie potęguje wrażenie czystości i uporządkowania, może dlatego że uzyskujemy efekt spójnej aury. Jest jeden punkt, co do którego zgadzają się wszyscy moi klienci, którzy wypróbowali składowanie przedmiotów według materiałów, z których są one wykonane.

Domy, których ściany i przestrzeń do przechowywania są zrobione z drewna, sprawiają zupełnie inne wrażenie niż te, w których wykończenie składa się przede wszystkim z metalu. To samo można powiedzieć o pokojach, w których dominują książki w porównaniu do tych, w których jest dużo sprzętów elektrycznych. Rzeczy wpływają na to, jakie będziemy mieli w danym miejscu poczucie przestrzeni, dlatego warto je brać pod uwagę przy planowaniu ich rozmieszczenia. Jako dziecko uwielbiałam popychać w jedno miejsce łyżką małe plamy oleju unoszące się w miseczce z daniem ramen, po tym jak już zjadłam makaron. To poczucie, że wszystko jest na swoim miejscu, które wiąże się z tym, że wszystkie materiały znajdujące się w jednym miejscu są do siebie podobne, przypomina mi to uczucie, jakie dawał mi widok oleistej wyspy, która powstawała w morzu sosu.

Układaj rzeczy w szufladach jak w japońskim pudełku bento

„Znacznie zmniejszyłam liczbę posiadanych rzeczy, ale jeszcze nie poczułam, żeby to było to, o co mi chodziło. Chyba powinnam jeszcze pozbyć się jakichś przedmiotów, prawda?" To pytanie zadała mi K. podczas mojej trzeciej wizyty w jej domu. Przeszła już długą drogę, ale czuła, że to nie był jeszcze koniec jej wędrówki.

W trakcie procesu sprzątania przychodzi moment, w którym uświadamiasz sobie, że posiadasz właściwą ilość rzeczy, aby czuć się zadowolona, rzeczy dających ci radość. Od momentu publikacji mojej pierwszej książki otrzymałam sporo wiadomości od ludzi, którzy z radością informowali mnie, że przeżyli właśnie taką chwilę.

W przypadku takim jak K., odpowiedź na pytanie jest zwykle jasna po sprawdzeniu zawartości szaf i szuflad. Otwieram szufladę i widzę schludnie złożone ubrania, ustawione pionowo, ale jest jeszcze miejsce na przynajmniej sześć strojów. Następna szuflada była pełna tylko do połowy. W miejscach do przechowywania widać pustkę. „Tak bardzo zmniejszyłam liczbę rzeczy – wyjaśnia klientka – że pomyślałam o zostawieniu miejsca na nowe, bo pewnie wkrótce będę musiała je kupić". Wiem, co czuje, ale takie myślenie prowadzi na manowce. **Kardynalną zasadą przechowywania rzeczy jest zapełnienie przestrzeni w dziewięćdziesięciu procentach.** Kiedy już wybrałaś rzeczy, które kochasz, to właściwym podejściem powinno być wypełnienie szuflad do momentu, w którym wyglądają na pełne, ale nie na przepełnione.

Ludzka natura nie lubi próżni. Jeżeli dążymy do zapełnienia miejsca w siedemdziesięciu procentach albo do zachowania przestronności, nie tylko przegapimy moment, kiedy czujemy, że mamy właściwą ilość rzeczy, ale grozi nam niebezpieczeństwo, że znowu zaczniemy gromadzić te, które nie przynoszą nam radości i kupować nowe półki i pudła. Cofniemy się w ten sposób do punktu wyjścia.

Jeżeli jeszcze nie doszłaś do punktu, w którym masz wrażenie posiadania właściwej liczby przedmiotów, to najlepszym rozwiązaniem jest wypełnienie przestrzeni w szufladach tak, żeby zajmowały całe miejsce. Często już samo to pozwoli ci odkryć, że masz wystarczająco dużo.

Sprawdziło się to w przypadku K. Rozmieściła swoje ubrania tak, aby szuflady były pełne, a każdy pusty kawałek miejsca wypełniła przyborami do pisania. Zanim się obejrzała, dwie plastikowe szuflady, które stały puste na środku pokoju, znalazły swoje miejsce w głównej szafie.

Myśl o wkładaniu rzeczy do szafy albo szuflady jak o wypełnianiu japońskiego pudełka bento. Lunch zapakowany do śniadaniówki jest tradycyjną częścią japońskiej kuchni, a jak sądzę w żadnej innej kulturze nie traktuje się równie poważnie tego posiłku. Prezencja jest bardzo ważna: kolorowe jedzenie jest ślicznie ułożone w małych przegródkach. Można przeczytać nieskończone przepisy na to, jak przygotować bento oraz brać udział w narodowym konkursie na najlepszy zestaw bento sprzedawany w pociągach.

Bento obrazuje unikatową japońską estetykę przechowywania rzeczy. Kluczowa koncepcja to oddzielanie smaków, piękno prezencji i układanie składników blisko siebie. Jeżeli zamieni się „oddzielenie smaków" na „oddzielenie materiałów", to pakowanie rzeczy do szuflady okazuje się oparte na tych samych zasadach.

Często ludzie popełniają błąd, umieszczając w szufladach zbyt wiele przegródek. Można oczywiście oddzielić ubrania bawełniane od wełnianych, ale wkładanie w tym celu specjalnych przegródek nie ma sensu. Chodzi o to, żeby ubrania znajdowały się wystarczająco blisko siebie. Ubrania zrobione są z włókien roślin, potrzebują zatem przestrzeni, żeby oddychać. Inaczej tracą swoje naturalne walory. Układaj je w szufladzie, mając w głowie obraz ubrań trzymających się za ręce, a pójdzie ci łatwiej.

Nie polecam stosowania specjalnych mini szufladek czy pudełek do przechowywania różnych rodzajów skarpetek czy bielizny (np. jedwabnej). Jeżeli masz wystarczająco dużo miejsca, możesz z nich korzystać, ale zwykle te pudełka nie pozwalają efektywnie wykorzystać miejsca, bo zostają między nimi zbędne szpary. Ubrania z tkanin naturalnych nie powinny zbyt ciasno przylegać do siebie, żeby mogło między nimi krążyć powietrze.

Tkaniny syntetyczne, takie jak poliester, nadmiernie się rozciągają, jeżeli są zbyt ciasno złożone. Ten rodzaj tkaniny można zapakować do mniejszego pudełka i oddzielić je od reszty materiałów. Niektóre przedmioty, np. paski, też lepiej wyglądają, kiedy są przechowywane oddzielnie.

Jeżeli jesteś w stanie jednym rzutem oka objąć wszystko, co masz w szufladzie, to osiągnęłaś stan idealny... Możliwość łatwego wyciągnięcia rzeczy z szuflady jest dodatkowym bonusem, a nie koniecznością.

Cztery zasady przechowywania rzeczy

Zebranie razem rzeczy z jednej kategorii to najbardziej „odświętna" część festiwalu sprzątania. Zaczyna się od ubrań. Kiedy moi klienci wyrzucają wszystkie ubrania na podłogę i zaczynają sprawdzać, które wywołują w nich radość, rośnie ich ekscytacja. „Jest świetnie! Zaczynam rozumieć, jakie jest moje kryterium radości!" Kiedy przychodzi czas na rozpoczęcie układania rzeczy w szafie, zwykle nie mamy już czasu. „Muszę odebrać dzieci ze szkoły".

Chętnie kontynuowałabym pracę, zwłaszcza w tym radosnym nastroju, ale zamiast tego zostawiam im pracę domową. Mówię, żeby pracowali nad układaniem rzeczy do naszej następnej lekcji i upewniam się, że znają **cztery zasady: złóż, postaw pionowo, trzymaj w jednym miejscu i podziel swoją przestrzeń na kwadratowe sektory.** Zasady te odnoszą się nie tylko do przechowywania ubrań, ale także do każdej innej kategorii rzeczy.

Wszystko, co jest miękkie i da się złożyć, powinno być złożone. Dotyczy to ubrań, ale i rękawiczek, tkanin, toreb plastikowych, siatek na pranie itp. Jeżeli coś jest miękkie w dotyku i da się zgiąć, ma w sobie powietrze. Złożenie rzeczy pomaga to powietrze wypchnąć i zmniejszyć przestrzeń potrzebną do przechowywania tej rzeczy.

Wszystko co można postawić tak, żeby samodzielnie stało w szufladzie, a nie leżało płasko, powinno być trzymane w pozycji pionowej, w tym ubrania, przybory do pisania, leki i paczki chusteczek. Pozwala to nie tylko wykorzystać w pełni wysokość szuflady czy półki, ale także ocenić jednym rzutem oka, co gdzie jest przechowywane.

Przechowuj rzeczy z jednej kategorii w jednym miejscu. Jeżeli mieszkasz z rodziną, zacznij od rzeczy osobistych poszczególnych osób, przechodź do poszczególnych kategorii, a następnie kieruj się kryterium materiałów. Zachowanie kolejności ułatwi przechowywanie rzeczy.

Ostatnia zasada związana z przechowywaniem rzeczy, to podzielenie powierzchni na przegródki. Japońskie domy to w zasadzie połączenie kwadratowych powierzchni, a więc kwadratowych miejsc do przechowywania i kwadratowych podziałów. Jeżeli korzystasz z pudeł, to lepiej korzystać z kwadratowych niż okrągłych.

Jeżeli przytłacza cię perspektywa kierowania się czterema zasadami podczas procesu selekcji rzeczy i wyboru miejsca do ich przechowywania, to kieruj się dwiema pierwszymi. *Jeżeli coś jest złożone, to świetnie! Jeżeli stoi pionowo, to świetnie!* Niech to będzie twoja mantra. Wkrótce sama się przekonasz, że potrzebujesz mniej miejsca, a w szufladach zapanuje porządek.

Ubrania składaj jak origami

E. pracowała nad uporządkowaniem ubrań. Właśnie skończyła „test radości" i po podstawowej lekcji zaczęła układanie. Z zasady to moi klienci składają swoje ubrania, ale pomagam im, jeżeli jest ich dużo. Wzięłyśmy się do pracy, siedząc obok góry ubrań, które E. chciała zatrzymać.

Złożyłam parkę z kapturem, koszulkę z marszczeniami i dużą kokardą z przodu, połączenie dzianiny i falbaniastych rękawów, bluzkę z wąskimi rękawami, która przypominała mi latającą wiewiórkę, rozpinany sweter z przedłużanymi trójkątnymi rękawami… Upłynęło kilkanaście minut, zanim uświadomiłam sobie, że E. ma wyjątkowo dużo ubrań w nietypowych kształtach. Składałam je dalej, ale obserwowałam równocześnie, co robi E. Złożyła prostą koszulkę i top bez ramiączek, ale kiedy podniosła asymetryczne dziergane bolerko, natychmiast odrzuciła je na mój stos. Znalazłam rozwiązanie zagadki! Wszystkie ubrania o nietypowym kształcie lądowały na mojej kupce.

„Chwileczkę E.!" – zaprotestowałam.

„Przepraszam – odpowiedziała. – Nie mogłam się powstrzymać. Sama bym czegoś takiego nie umiała złożyć".

Współczesna moda wprowadza coraz to inne formy ubrań. Kiedy natrafisz na taką rzecz o dziwnym kształcie, możesz się zacząć zastanawiać, jak ją w ogóle złożyć. Rękawy, które są tak bezwładne jak wodorosty, sprawiają, że masz ochotę rzucić to ubranie w kąt. Sekret składania ubrań o nieregularnym kształcie jest następujący: nigdy się nie poddawaj. Ubrania to po prostu prostokątne kawałki tkaniny, które zszywa się ze sobą. Niezależnie od tego, jak dane ubranie wygląda, zawsze można je złożyć w prostokąt. Jeżeli napotkasz na takie o dziwnym kształcie, weź głęboki oddech i zachowaj spokój. Rozłóż je na płaskiej powierzchni, tak żebyś widziała kształt. Zobaczysz, gdzie doszyto dodatkowy kawałek i jak poszczególne części zostały pozszywane. Oglądany z tej perspektywy kształt będzie łatwiej określić i nie będzie budził obaw przed składaniem go.

Kiedy już zorientujesz się, jaki kształt ma ubranie, postaraj się upodobnić go do prostokąta. Zacznij od złożenia do środka rękawów. Jeżeli rękawy są bardzo szerokie, to złóż je kilka razy, żeby nie wystawały po bokach prostokąta. Następnie zegnij prostokąt wzdłuż na pół, tak żeby rękawy znalazły się w środku. Złóż go ponownie na pół lub na trzy. **Ubranie należy złożyć tyle razy, żeby można było ustawić je pionowo, dopasowując do wysokości szuflady.**

Jeżeli spojrzysz na składanie ubrań jak na orgiami, łatwiej będzie ci szło. Po każdym zagięciu, przygładź je. Nie potrzebujesz zaznaczać mocno paznokciem linii zagięcia, jak to się robi w origami, ale jeżeli mocno dociśniesz materiał, to na długo zachowa swój kształt. Wydaje ci się, że to dużo pracy i że poddasz się w połowie? Nie przejmuj się. Wypróbuj tę technikę chociaż raz. Jeżeli raz porządnie złożysz ubrania, to następnym razem będzie ci o wiele łatwiej, jako że ubranie zapamięta kształt. Po miesiącu takiego składania nie będziesz już potrzebowała płaskiej powierzchni, gdyż będziesz potrafiła złożyć ubranie na kolanach albo w powietrzu. Japończycy potrafią składać papierowe żurawie w ręku.

Wykorzystaj całą powierzchnię dłoni. Jeżeli składałaś do tej pory ubranie tylko palcami, spróbuj teraz posłużyć się całymi dłońmi. Ciepło powoduje, że włókna podnoszą się i naprężają tkaninę. Jest ją wtedy łatwiej złożyć, jak origami. Wygładzając materiał dłonią i składając ubranie tyle razy, ile potrzeba, sprawisz, że samo przybierze pozycję pionową i tak będzie mogło być przechowywane.

Ubranka dziecięce nie powinny być składane tak jak ubrania dorosłych, ponieważ tworzą grube, małe pakunki, które same się rozkładają. Zamiast tego składaj je mniejszą liczbę razy, do uzyskania równego gładkiego prostokąta.

Wszystko co powinnaś wiedzieć o metodzie składania KonMari

Jeżeli potrafisz złożyć ubranie w prostokąt, zaginając boki do środka ubrania, to opanowałaś metodę KonMari w dziewięćdziesięciu procentach. Niezależnie od tego, jakie to ubranie, taki właśnie jest cel jego złożenia. Złożenie ubrania przypomina mi pracę buddyjskich kapłanów, którzy rzeźbią posągi Buddy. Wpatrują się intensywnie w kawałek drewna, aż ich oczom ukaże się figura kryjąca się w drewnie i rzeźbią, aż się ona pojawi. Wiem, że to zupełnie inny wymiar działania, ale idea jest podobna. Rozłóż ubranie na płaskiej powierzchni, wpatruj się w nie intensywnie, a kiedy odnajdziesz prostokątny kształt, zagnij do środka części wystające poza prostokąt.

PODSTAWOWA METODA SKŁADANIA

1. Złóż oba brzegi głównej części ubrania do środka, aby powstał prostokąt.
2. Złóż prostokąt na pół.
3. Złóż ubranie jeszcze raz na pół albo na trzy.

PODSTAWOWA METODA SKŁADANIA

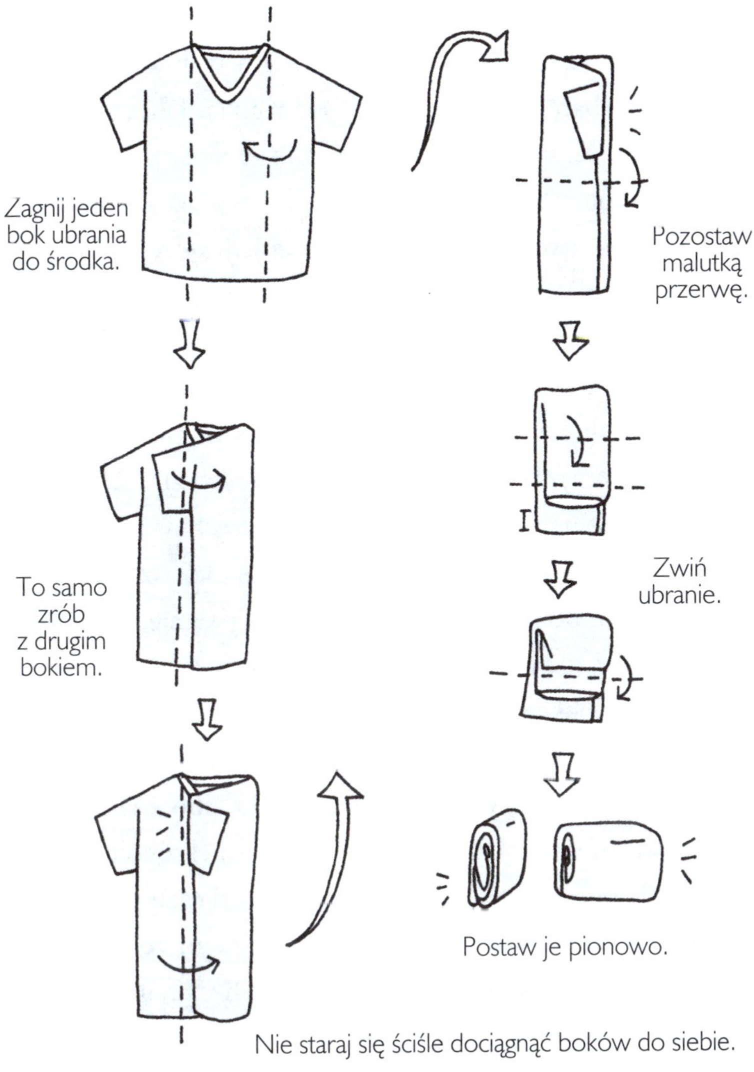

Złożenie na pół dość długiego prostokąta pozwala nadać ubraniu bardziej kompaktowy kształt. Składając, chwyć za cieńszą albo słabszą część ubioru, czyli wycięcie góry albo nogawki spodni. Nie dochodź do przeciwległej krawędzi zbyt dokładnie, zostaw małą przerwę. Celem tych kroków jest stworzenie bardziej zwartego i wyraźnego kształtu, tak więc dopasuj część, za którą trzymasz oraz szerokość przerwy, do ubrania. Potem trzeba tylko dopasować wysokość pakunku do głębokości szuflady, składając ubranie jeszcze raz na pół albo na trzy. W przypadku szczególnie długich ubrań, być może trzeba będzie powtórzyć składanie cztery do pięciu razy. Istnieje sporo sprawdzonych sztuczek ułatwiających składanie, ale tak naprawdę, jeżeli zrobisz to prawidłowo, to na końcu otrzymasz foremny kształt – prostokąt.

Prostokątnie złożone ubrania należy przechowywać w pozycji pionowej w szufladach, ale zanim je ułożysz, sprawdź, czy stoją samodzielnie. Jeżeli ubranie stoi pewnie, kiedy odsuwasz rękę, to przeszło test i możesz odłożyć je do szuflady.

Jeżeli jednak zacznie lekko tracić kształt, trzeba je złożyć jeszcze raz. Być może prostokąt jest za szeroki lub też wysokość złożeń w kroku 2. i 3. była za duża albo za mała, co sprawiło, że prostokąt był za gruby. Dla niektórych ubrań być może będzie lepiej pominąć krok 2 i od razu przejść do składania na trzy. Sama dojdziesz do tego, co najlepiej sprawdza się dla danej sztuki ubioru, czyli wyczujesz to, co nazywam idealnym punktem zgięcia.

Jak zawsze będą wyjątki. W przypadku niektórych ubrań pierwszym krokiem będzie złożenie ich wzdłuż na pół. Podstawowy wariant metody zakłada najpierw złożenie brzegów do środka i utworzenie prostokąta, aby na środku nie tworzyło się zagniecenie. Takie zagniecenia sprawiają, że ubrania wyglądają niechlujnie. Ubrania, które dobrze wyglądają z takimi zagnieceniami pośrodku, mogą być od razu złożone wzdłuż na pół. Należą do nich tkaniny marszczone, swetry wykonane ściegiem ściągaczowym, a także rozpinane swetry oraz innego typu ubrania, które są tak zaprojektowane, że mają linię podziału biegnącą przez środek. Wyraźna linia złożenia nie ma też znaczenia przy stroju sportowym.

Istnieją także ubrania, które nie chcą stać pionowo, nawet jeżeli się je prawidłowo złoży. To te wykonane z cieniutkich materiałów, takich jak poliester lub miękkie i puszyste, na przykład polar czy też grube swetry, które nie utrzymują kształtu po złożeniu. Zamiast usiłować stawiać je pionowo, ułóż je płasko. Instrukcje składania konkretnych ubrań znajdziesz w rozdziale 4.

Tak zaplanuj rozmieszczenie rzeczy, żeby pozbyć się nadmiaru mebli, w których je przechowujesz

Chociaż szczegóły będą zależały od projektu twojego domu, to zawsze obowiązują dwie żelazne zasady: **wykorzystaj**

szafy i szafki wbudowane w powierzchnię mieszkania i zacznij od wkładania dużych rzeczy.

Przyjrzyjmy się temu, jak wykorzystać wbudowane szafy i szafki. Jednak najpierw przypomnij sobie, jak miał wyglądać twój idealny styl życia. Jeżeli posiadasz zdjęcia albo wycinki, to się im przyjrzyj. Jestem pewna, że wiele osób zda sobie sprawę, że idealne otoczenie miało więcej przestrzeni i było bardziej schludne niż obecny dom. W jaki sposób można stworzyć więcej przestrzeni w domu? Odpowiedź jest prosta: pozbywając się części wyposażenia. Nie mam na myśli łóżka czy kanapy, a mebli, w których przechowuje się rzeczy.

Wiele osób twierdzi, że to niemożliwe. Ja jestem przekonana, że jest inaczej. Udzielając lekcji porządkowania, zakładam wykorzystanie do przechowywania jedynie tych miejsc, które moi klienci już mają do dyspozycji... Niezależnie od tego, jaki jest obecny stan domu, wyobrażam sobie, jak dom będzie wyglądał po tym, gdy jego porządkowanie będzie zakończone. Wyobrażam sobie, jak będzie wyglądało każde pomieszczenie. Myślę o tym, jak będą wyglądały bez tych panoszących się wszędzie przedmiotów, wypełniających pudła, szafy i szafki. Moim klientom trudno jest uwierzyć, kiedy zapewniam, że ich dom będzie wyglądał jak nowy, ale prawie zawsze mam rację. Czasem zdarza się, że klient ma więcej rzeczy, które mu sprawiają radość i ostateczny efekt jest troszeczkę inny od tego, który ja sobie wyobraziłam. Jeśli jednak mam przed oczami obraz takiego domu, jaki był na samym początku, to efekt po zakończeniu porządkowania jest zawsze zadowalający.

Kluczem do skutecznego rozmieszczenia rzeczy w domu jest w pierwszej kolejności wykorzystanie wbudowanych szaf i szafek, przy założeniu, że pomieszczą wszystko, co masz. Poza szafami i szafkami uwzględniam również elementy dołączone do mebli, na przykład szuflady pod łóżkiem czy półki nad telewizorem. Warto także dodać te meble, których nie zamierzasz się pozbyć, na przykład toaletki, komody czy szafy, które są w rodzinie od pokoleń. Jeżeli w twoim domu nie ma wbudowanych szaf, to warto wykorzystać takie meble, jakie masz, a przede wszystkim te, które dają ci radość.

Co do drugiej zasady, czyli przechowywania dużych rzeczy, to przez duże rozumiem rzeczy o dużej objętości, na przykład przezroczyste plastikowe szuflady, w których są złożone ubrania, rzeczy sezonowe, takie jak grzejniki i wiatraki oraz stojaki na ubranie. Rozmieść je najpierw. Jeżeli później zdecydujesz, że wolisz, żeby stały w pokoju, a nie w szafie, to je wyjmiesz. Wstawiając do szaf i szafek najpierw największe rzeczy, a potem mniejsze, kształtujesz przestrzeń i wpasowujesz w nią elementy. Ludzie są zaskoczeni, że łatwiej przechowuje się rzeczy w ograniczonej przestrzeni, ale wierzę, że ograniczenia zmuszają nasz mózg do wykorzystania w pełni swojego potencjału i lepszego rozmieszczenia rzeczy.

Idealne rozmieszczenie rzeczy

W tej książce przyglądamy się, jakie rzeczy są najczęściej przechowywane w domu. Wśród nich są także te, co do których trudno zdecydować, gdzie je trzymać. Jeżeli chodzi o rzeczy *komono*, które nie zostały szczegółowo opisane, to należy kierować się zasadą przechowywania rzeczy z tej samej kategorii. Twórz własne kategorie rzeczy, które nie mieszczą się w standardowym podziale na przybory do pisania, kable elektryczne, leki i narzędzia. Na przykład dla miłośników sztuki pomocna będzie kategoria „przybory plastyczne". Jeżeli jesteś jak moja klientka, która uwielbiała kolekcjonować etykiety i miała ich dwie szuflady, możesz stworzyć osobną kategorię „etykiety". Dla osób, które mają rozliczne zainteresowania i dużo sprzętu, od kaligrafii po szycie, pomocne może być stworzenie ogólnej kategorii „sprzęt do uprawiania hobby". Standardowym rozwiązaniem w przypadku nadmiaru proszku do prania czy gąbek, które nie mieszczą się w jednym miejscu, jest utworzenie osobnej kategorii „środki do zużycia" i wydzielenie dla niej całej szuflady.

Pamiętaj, żeby podobne do siebie rzeczy trzymać obok siebie. Rozmieszczanie rzeczy powinno przebiegać bezboleśnie, jeżeli za każdym razem powtórzysz ten krok. Niektórzy ludzie trzymają aparat cyfrowy obok komputera, ponieważ wszystko to elektronika, a inni trzymają obok komputera przybory do pisania, ponieważ obie te kategorie mieszczą się w szerszej kategorii „rzeczy codziennego użytku". Proces ten przypomina tworzenie skojarzeń słownych. Zauważysz stopniowo, że podobne rzeczy lądują koło siebie. W rzeczywistości pozornie odległe kategorie trochę na siebie nachodzą. Szukając wzajemnych powiązań między rzeczami, gradacja podobieństw będzie dla ciebie jaśniejsza. W tym znaczeniu rozmieszczanie rzeczy w domu to jak malowanie pięknej tęczy. A ponieważ mamy do czynienia z gradacją, nie trzeba się martwić, że granice między kategoriami są trochę niejasne.

Twoja praca zakończy się powodzeniem, jeżeli będziesz wiedziała, gdzie wszystko w twoim domu ma miejsce i jeżeli układ domu będzie naturalny dla ciebie i twoich rzeczy. **Jeżeli intuicja mówi ci, że to jest to właśnie miejsce, przynajmniej na dany moment, z pewnością ma rację.** Kiedy rozważasz, do jakiej kategorii coś przyporządkować i gdzie to trzymać, nie roztrząsaj tego za długo. Jeżeli wybrałaś rzeczy, które kochasz, to możesz się odprężyć i cieszyć całym procesem.

Z całym przekonaniem mogę powiedzieć, że nie ma przyjemniejszego zajęcia niż rozmieszczanie rzeczy. Tworzysz dom dla rzeczy, które kochasz i szukasz ich wzajemnych powiązań. Chociaż wydaje się to nieco ulotne, to podejście intuicyjne jest najlepszą i najbardziej naturalną drogą do uczynienia z domu wygodnego miejsca dla ciebie. Sprzątanie to przywracanie naturalnego stanu twojego domu. Jest to więc naturalna część ciebie.

CZĘŚĆ DRUGA

ENCYKLOPEDIA SPRZĄTANIA

4

PORZĄDKOWANIE UBRAŃ

Kampania sprzątania domu powinna zacząć się od uporządkowania ubrań. Zbierz każdą sztukę garderoby, jaką posiadasz, i ułóż w jednym miejscu. Podczas poszukiwań ubrań nie pomiń żadnego kąta. Zrób to szybko, mechanicznie, jak robot. Kiedy już będziesz miała wszystko w jednym miejscu, spójrz ostatni raz i zadaj sobie pytanie: „Czy to naprawdę wszystko?". A może zapomniałaś o czymś i jest to w szufladzie innego członka rodziny? Bądź bardzo dokładna i upewnij się, że zebrałaś dosłownie każdą sztukę ubrania, oprócz rzeczy, które znalazły się w praniu.

Góra

Kiedy już leży przed tobą góra ubrań, czas na „sprawdzian radości". Przytrzymaj każdą rzecz i wybierz te, które wywołują w tobie radość. Tak jak pisałam w rozdziale 1., zacznij od koszulek i bluzek, ponieważ rzeczy noszone bliżej serca łatwiej jest ocenić, posługując się kryterium radości, jaką wywołują. Możesz także myśleć o rzeczach, które niosą radość jako o tych, które cię uszczęśliwiają. Jeżeli lubisz jakiś strój, ponieważ na przykład cię ogrzewa, to śmiało go zatrzymaj.

Jeżeli nie jest to rzecz, którą chciałabyś ponownie zobaczyć, podziękuj jej za dobrą służbę i pożegnaj się z nią. Zapakuj rzeczy, które nie wzbudzają twojej radości, i oddaj je organizacji charytatywnej albo do sklepu z używanymi ubraniami.

Jak składać koszule

Podstawowe zasady składania koszulek z krótkimi rękawami znajdziesz na 85 stronie.

Jeżeli chodzi o bluzki i koszule z długimi rękawami, to kiedy już podjęłaś decyzję co do szerokości, jaką chcesz, żeby miało składane ubranie, kieruj się podstawową zasadą składania ubrania do środka tak, aby powstał prostokąt. Sztuczka polega na tym, żeby zagiąć rękaw aż za linię środkową do drugiego boku, a potem odwrócić go mankietem w dół do dolnej krawędzi. Staraj się, żeby rękawy nie nakładały się na siebie, bo to zwiększy ich grubość.

W mojej pierwszej książce napisałam, że sposób układania rękawów zależy od ciebie i tego uczę klientów na lekcjach indywidualnych. Przez wiele lat sądziłam, że sposób, w jaki składam długie rękawy, jest powszechny i nie widziałam potrzeby szczegółowego tłumaczenia, jak to robię. Kiedyś pokazałam mój sposób dziennikarce, a ona powiedziała: „To chyba bardzo nietypowy sposób składania rękawów, prawda?". Po raz pierwszy zdałam sobie sprawę, że większość ludzi składa rękawy do boku i powstają dwie lub trzy warstwy. Sposób, w jaki ja to robię, nie jest może tak bardzo odmienny, ale zachęcam do wypróbowania go. Kiedy przesuniesz dłonią po tak złożonym ubraniu, zobaczysz, że w okolicy rękawa prawie nie ma wybrzuszeń.

W przypadku ubrań z długimi wąskimi rękawami, składaj rękawy w ten sam sposób, w jaki złożyłabyś ubranie, a powstanie równy prostokąt. Jeżeli dół bluzki jest zmarszczony, to złóż ubranie na pół tak, aby dół pozostał wewnątrz.

Jak składać bluzki i koszule z długimi rękawami

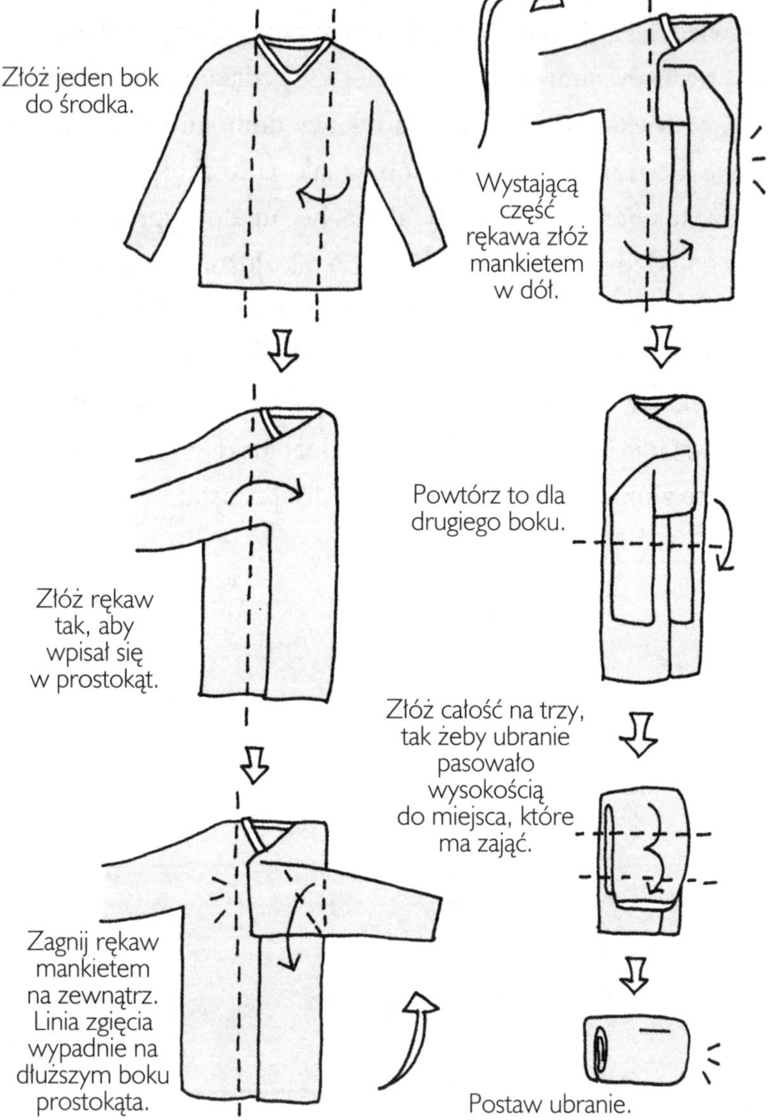

Jak złożyć górę, która ma nietypowy kształt

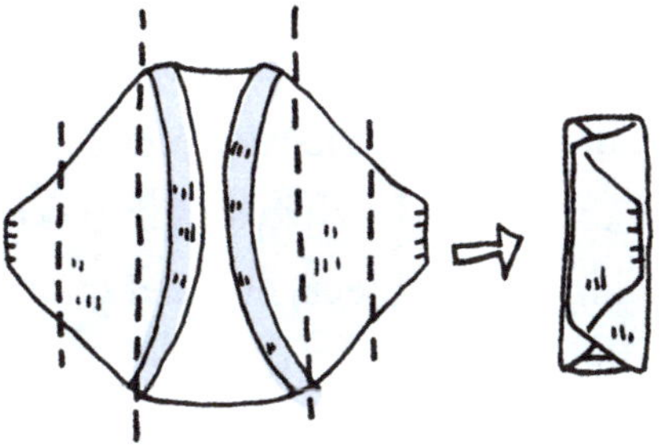

Rękawy składaj tak, żeby uzyskać prostokąt, a potem jak zwykle.

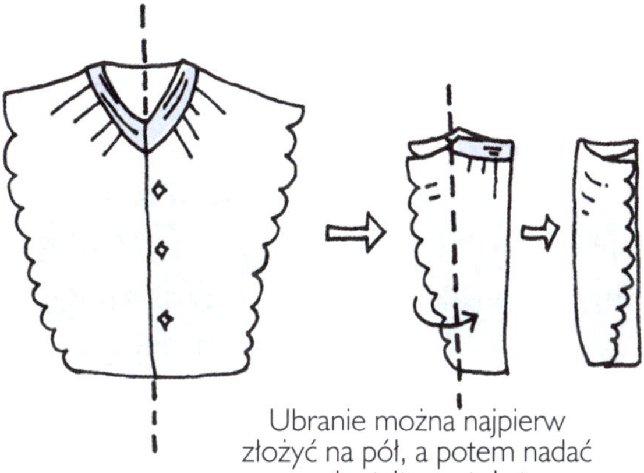

Ubranie można najpierw złożyć na pół, a potem nadać mu kształt prostokąta.

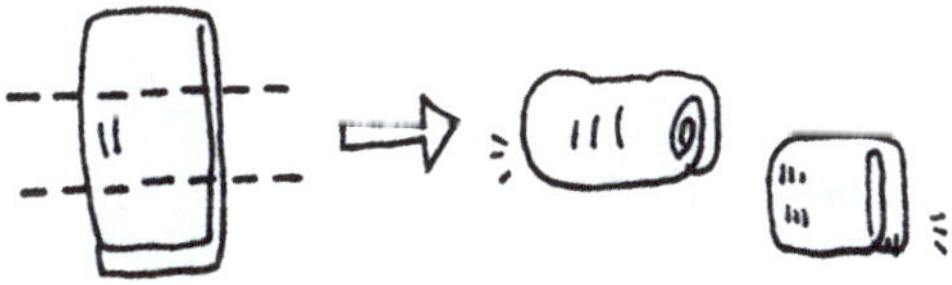

Kiedy już uzyskasz kształt prostokąta, to składaj ubranie w zwykły sposób, żeby uzyskać prawidłową wysokość.

Jak składać halki na ramiączkach

Ramiączka halek nie są ani ich przedłużeniem, ani nie mają jedynie funkcji ozdobnej. Bez nich ta część garderoby nie spełni swojego zadania, traktuj je więc jako jej integralną część. Oznacza to, że kiedy złożysz już boki do środka i halka będzie miała jedną trzecią zwykłej szerokości, to całość, w tym ramiączka, należy złożyć na pół. Od tego momentu składaj już halkę tak jak inne ubrania i dopasuj końcowy węzełek do pożądanej wysokości. Jeżeli halka jest zrobiona z bardzo cienkiej albo marszczonej tkaniny, trudno jest ją złożyć na trzy. Lepiej jest ją wtedy złożyć na pół.

Halki z poliestru i innych cieniutkich materiałów nie będą stały pionowo, jeżeli się je złoży w standardowy sposób. Zacznij jak zwykle, składając boki do środka, a następnie złóż w połowie wysokości na pół. Teraz zwiń ubranie w górę od złożenia, a pozostanie w takim kształcie. W wielu przypadkach halka nie utrzyma się sama pionowo, uznaj więc, że jej urok polega na tym, iż jest tak mała, że łatwo zmieści się do jakiejkolwiek przestrzeni w szafie. Pozostałe ubrania utrzymają ją w pionie. Sztuczka ta sprawdzi się również w przypadku innych wiotkich ubrań, takich jak szyfonowe bluzki.

Jak składać halki

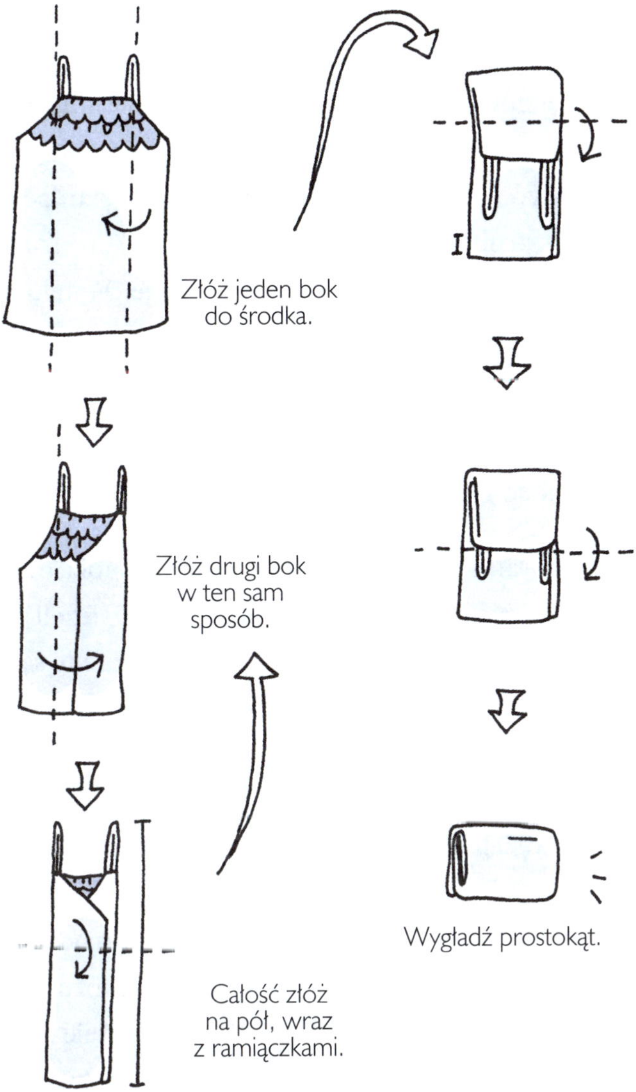

Jak składać golfy i kurtki-parki

Jak zwykle złóż oba boki do środka, żeby powstał prostokąt. Następnie tak złóż kaptur albo golf, który jest zasadniczo elementem zewnętrznym, aby powstał prostokąt. Pozwala to uprościć kształt, a od tego momentu wystarczy już złożyć tak ubranie, aby pasowało do szuflady. Jeżeli golf jest gruby i krótki, to złożenie go do środka prostokąta sprawi, że powstanie wybrzuszenie. W takim przypadku złóż ubranie w normalny sposób, bez składania golfu.

Jak składać grube bluzki i swetry

Duże ubrania, takie jak grube swetry i polarowe bluzy składaj dosyć luźno, a nie w zwarte węzełki. Jeżeli nie będą chciały stać w szufladzie, połóż je. Nawet kiedy są właściwie złożone, zabierają dużo miejsca, więc do przechowywania ich poza sezonem lepiej nadać im bardziej zwartą formę.

Połowę ich objętości stanowi powietrze, najlepszym więc rozwiązaniem jest dopasowana torba, na przykład torba płócienna albo worek ściągany tasiemką. Wkładając ubranie do torby, dociśnij je, żeby „spuścić powietrze". Można użyć każdej torby, powinna być jednak z tkaniny, nadaje się do tego także *furoshiki* (tradycyjna japońska tkanina o kwadratowym

Jak składać parki

Jak składać grube ubrania, aby można je było przechować poza sezonem

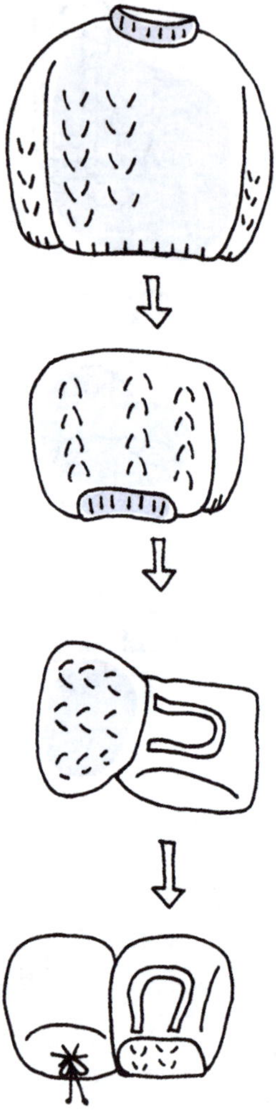

Są zbyt grube i duże, żeby je składać w zwykły sposób.

Delikatnie dociśnij złożony sweter.

Wkładając go do torby, usuń powietrze. W ten sposób zajmie on znacznie mniej miejsca.

kształcie do zawijania ubrań), świetnie sprawdzi się także duży szal. Ważne, żeby wykorzystać coś, co jest o dwa wymiary za małe, żeby wyciskało z ubrania powietrze, jak torba próżniowa.

Jak składać górę z ozdobnymi elementami

Ozdoby są delikatne. Łatwo się odczepiają, zahaczają o inne ubrania i mogą być uszkodzone podczas wyjmowania albo wkładania do szuflady. Powinno się z nimi obchodzić ostrożnie. Gdy patrzę na bluzkę, która ma dużo ozdób, najpierw zwracam uwagę na część, która wymaga największej ochrony. Ubranie powinno zostać złożone tak, aby ta część znalazła się wewnątrz. Jeżeli ozdoby są przytwierdzone do głównej części, złóż ubranie tak, aby część bez nich była na zewnątrz. Jeśli na dolnym brzegu są jakieś falbanki, koronki albo inne dodatki, to chwyć za ten brzeg, a nie za górę, kiedy będziesz składała całość na pół, po złożeniu rękawów. Jeżeli nie widzisz ozdobnych dodatków po złożeniu, to znaczy, że zrobiłaś to prawidłowo. Guziki w rozpinanych swetrach i kołnierze koszul polo także powinny być złożone do środka, żeby je chronić.

Dół

Sortuj „dolne” części garderoby według kategorii, spodnie, spódnice i tak dalej. Jeżeli masz wiele rzeczy z jednej kategorii, na przykład białe spódnice czy jeansy, co do których nie jesteś pewna, czy chcesz je zatrzymać, przymierz je i pomyśl, jak często je nosisz. Jeżeli nie nosiłaś czegoś od lat, to z pewnością tego nie założysz. Pozostaw tylko te, z którymi kontakt daje ci radość.

Należy przechowywać je w następujący sposób: składaj spodnie zrobione z bawełny, na przykład jeansy, ale wieszaj te na bardziej uroczyste okazje, na przykład spodnie do garniturу czy też takie, które mają kanty. Zaoszczędzisz miejsce, wieszając po dwie spódnice na jednym wieszaku. Najlepiej, żeby miały podobny kolor i krój.

Jak składać spodnie i krótkie spodenki

Złóż razem obie nogawki, a potem zagnij je do góry w kierunku paska, ale tak, aby się z nim nie zetknęły, a następnie złóż całość jeszcze raz. Jest to podstawowa metoda składania spodni, ale należy dopasować liczbę złożeń nogawek do ich długości. Krótkie spodenki wystarczy złożyć raz wzdłuż, a potem raz na pół. Szerokie spódnice-spodnie albo wełniane krótkie spodenki będą najlepiej się układać, jeżeli zaczniesz od złożenia ich na trzy. Potem złóż je na pół.

Jak składać spodnie

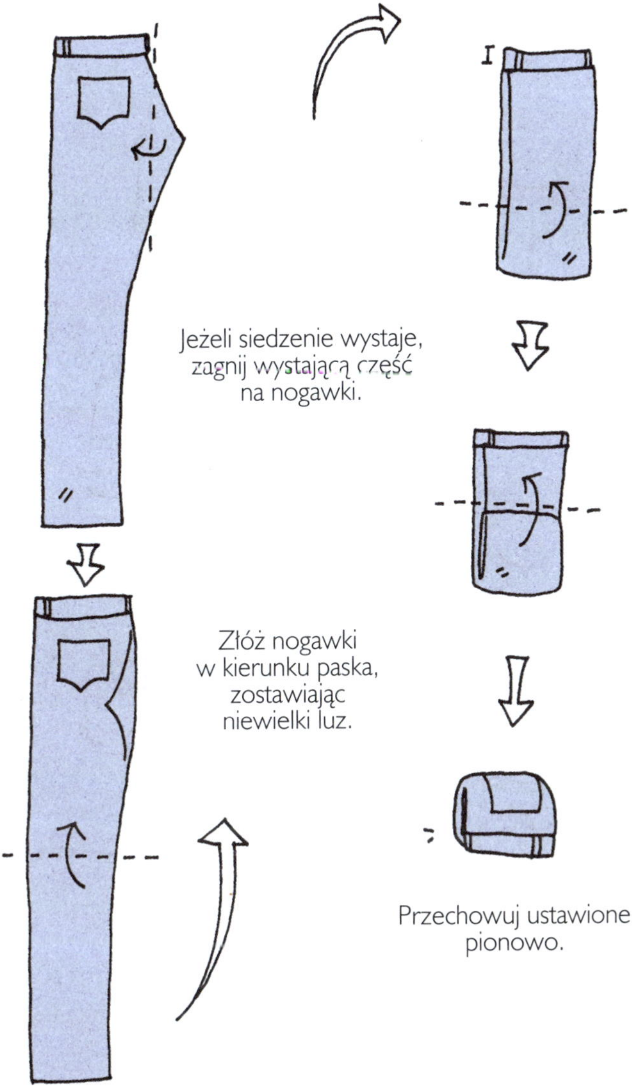

Jak składać krótkie spodenki

Jeżeli siedzenie spodni wystaje, to gdy złożysz je na pół, łatwiej utworzysz prostokąt. Tej sztuczki nauczyła mnie sprzedawczyni w butiku. Było to dla mnie odkrycie, gdyż nie mam ani jednej pary długich spodni.

Sukienki i spódnice

Jedna z moich klientek, która jest kobietą sukcesu i aktywną bizneswoman, ma obsesję na punkcie sukienek. Wypełniają całą jej szafę, a nazywa je „mundurami bojowymi". Sukienki powinny wisieć, żeby w pełni można było docenić ich piękno, ale jeżeli potrzebujesz je złożyć, to wykorzystaj ilustracje jako przewodnik. Jeżeli zastanawiasz się, czy powiesić, czy złożyć spódnicę, to kieruj się zasadą, żeby wieszać tylko te rzeczy, które w takiej formie cieszą oko. Zwiewne spódnice zwykle należałoby powiesić, jednak dobrze jest wiedzieć, jak je złożyć, na przykład na czas podróży albo kiedy nie masz wystarczająco dużo miejsca na wieszaki.

Jak składać sukienki

Jak składać spódnice

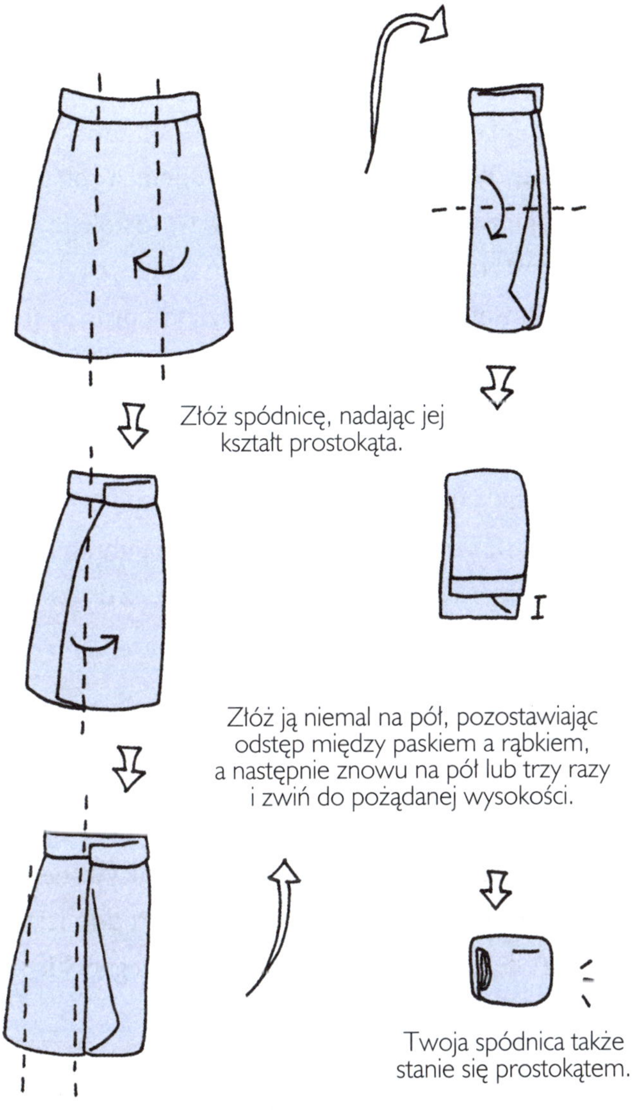

Jak składać ubranie z szerokim rąbkiem

Mogę zrozumieć, że onieśmiela cię myśl o złożeniu spódnicy lub sukienki z rąbkiem równie szerokim co podnóże góry Fuji. Niezależnie od tego, jak szeroki się on wydaje, nie przejmuj się. Rozłóż spódnicę ze spokojem, a zobaczysz, że jest to połączenie dwóch trójkątów i prostokąta, tak jak wszystkie pozostałe typy ubrań. Potrzebujesz tylko złożyć trójkątne kawałki na któryś bok wewnątrz prostokąta.

Jeżeli spódnica jest wyjątkowo szeroka, to złóż trójkątne kawałki więcej razy. Jeżeli tkanina jest zbyt cienka i wiotka, żeby nad nią zapanować, to zacznij od złożenia ubrania najpierw wzdłuż. Jak długo będzie to prostokąt, możesz kierować się podstawową kolejnością składania ubrania: na pół, a potem jeszcze kilka razy lub też zroluj je, aż do osiągnięcia pożądanej wysokości.

Ubrania wiszące

Ubrania zrobione z grubszych materiałów, takie jak kurtki, garnitury i płaszcze, powinny być przechowywane na wieszakach, podobnie jak inne rzeczy, które trudno jest złożyć albo łatwo się gniotą. Zaliczamy do nich eleganckie męskie koszule i ubrania ze zwiewnych tkanin.

Niektóre z ubrań wiszących w twojej szafie mogły dużo kosztować i pozbycie się ich wzbudzi w tobie opór.

Zachęcam do poddania się także w tym przypadku próbie radości. Jeżeli dana część garderoby nie budzi w tobie radości, kiedy trzymasz ją w dłoniach, a jednak nie umiesz jej wyrzucić, przymierz ją. Stań przed lustrem i zadaj sobie pytanie: „Czy chcę to kiedyś jeszcze założyć?". Pomyśl o tym bez emocji.

Kiedy wieszasz ubrania, upewnij się, że należące do tej samej kategorii zajmują miejsca koło siebie: płaszcze obok płaszczy, garnitury obok garniturów, żakiety obok żakietów i tak dalej.

Skarpety i rajstopy

Zgromadź w jednym miejscu nie tylko skarpetki i pończochy, które nosisz, ale także te, które czekają jeszcze nierozpakowane. Jeżeli masz ich dużo, to rozdziel je według kategorii: skarpetki, pończochy, rajstopy i legginsy. Niektórzy ludzie sądzą, że nie ma znaczenia, czy noszą dziurawe skarpetki albo rajstopy, które się mechacą. Tak nie jest, bo to tak, jakby zadeklarować, że teraźniejszość nie ma tak naprawdę znaczenia. Stopy dźwigają całe twoje ciało i pomagają ci przejść przez życie, a skarpetki otulają twoje stopy. Skarpetki, które nosisz w domu, są szczególnie ważne, bo stanowią łącznik między tobą a twoim domem, zatem wybierz takie, które sprawią, że czas tam spędzony będzie przyjemniejszy.

Wypychanie skarpetki lub pończochy drugą lub rolowanie ich w kulkę jest nie do zaakceptowania. Skończ proszę z tą praktyką natychmiast.

Jak składać skarpetki

Złóż obie skarpetki razem i zagnij tyle razy, ile trzeba, w zależności od długości skarpetek. To najprostsza rzecz do składania, świetnie nadaje się więc jako materiał treningowy dla dzieci.

Jak składać skarpetki, pończochy i rajstopy

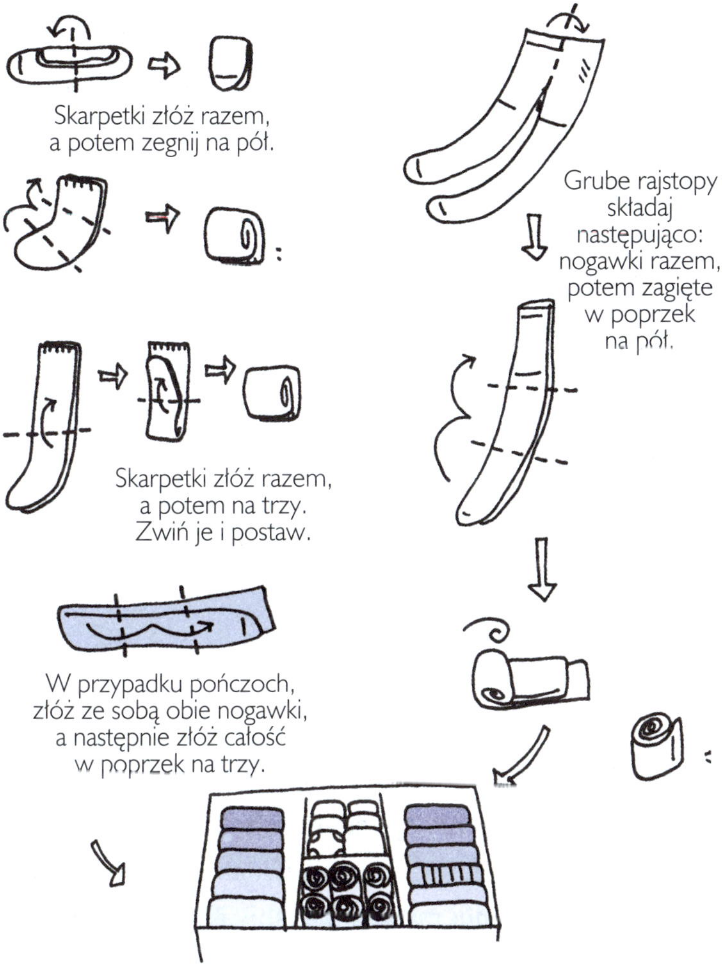

Podkolanówki złóż ze sobą, następnie zegnij na pół i znów na trzy, w zależności od ich długości.

Jak składać pończochy

Najpierw złóż razem obie nogawki, następnie chwytając za palce, złóż pończochy na trzy. Wreszcie zwiń je jak rulonik sushi i postaw na sztorc. Ponieważ pończochy łatwo się rozwijają, najlepiej jest postawić je w pudełku z przegródkami, a pudełko włożyć do szuflady.

Jak składać grube rajstopy

Chociaż rajstopy mają taką samą formę jak pończochy, to jeśli są dość grube, polecam składać je jak spodnie. Pończochy zwija się wyłącznie wtedy, kiedy materiał jest zbyt cienki, żeby je złożyć. Jeżeli rolujesz rajstopy i okazuje się, że są za grube lub za sztywne, to znak, że należy je złożyć.

Bielizna

Kategoria „bielizna" obejmuje nie tylko majtki i staniki, ale także bieliznę zimową i slipy. Bardzo często moje klientki po skończeniu sprzątania chcą kupić nową bieliznę. Bielizna jest niewidoczna z zewnątrz, ale powinno się włączyć swój czujnik radości na pełny regulator w trakcie sprawdzania, co zatrzymać, bo są to części garderoby pozostające w bezpośrednim kontakcie z twoim ciałem. Nawet praktyczne ubrania bez żadnych wzorów i ozdób, jeżeli tylko dają ci ciepło albo komfort, mogą być źródłem radości.

Jak składać bieliznę

Składając majtki zrobione z delikatnego materiału, najlepszy efekt osiągniesz, koncentrując się na tym, by zajmowały jak najmniej miejsca. Krok jest najdelikatniejszą częścią i powinien być złożony do środka, a ozdobne elementy pozostawione na zewnątrz. Zacznij od rozłożenia majtek płasko. Następnie zegnij krok do góry niemalże aż do gumki. Załóż boki na siebie tak, aby krok był w środku, a następnie zegnij w górę. Majtki powinny wyglądać jak rulonik sushi, a na wierzchu będzie widoczny tylko pasek.

Gładkie i śliskie majtki (np. jedwabne), które nie „trzymają" złożonego kształtu, mogą być złożone i zwinięte. Jeżeli twoje majtki są zrobione z cienkiego materiału i rozwijają się, gdy tylko skończysz składanie, to najlepiej trzymać je w mniejszym pudełku. Świetnie się sprawdza pudełko po chusteczkach higienicznych, ponieważ ma taką samą szerokość jak majtki. W jednym pudełku można trzymać aż siedem par. Inne rodzaje pudełek też się nadają, jeżeli tylko majtki się w nich mieszczą. Majtki, które przypominają stringi, nie trzymają kształtu, kiedy się je złoży, więc lepiej trzymać je w małym pudełku albo z innymi ubraniami, które trzymają je w pionie.

Jak składać majtki

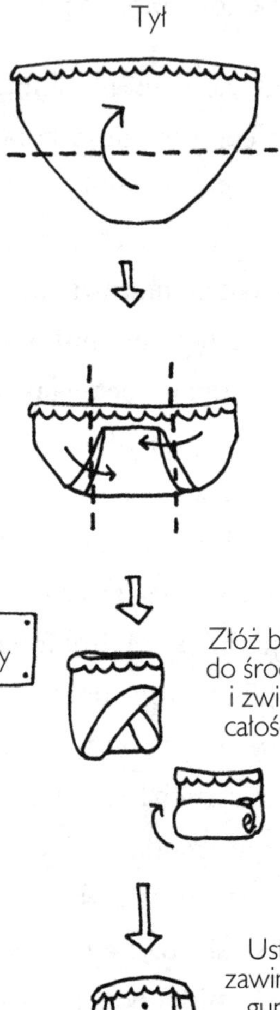

Zagnij krok do góry w kierunku gumki.

Złóż boki do środka i zwiń całość.

Ustaw zawiniątko gumką do góry.

Jak składać spodenki kąpielowe i slipy

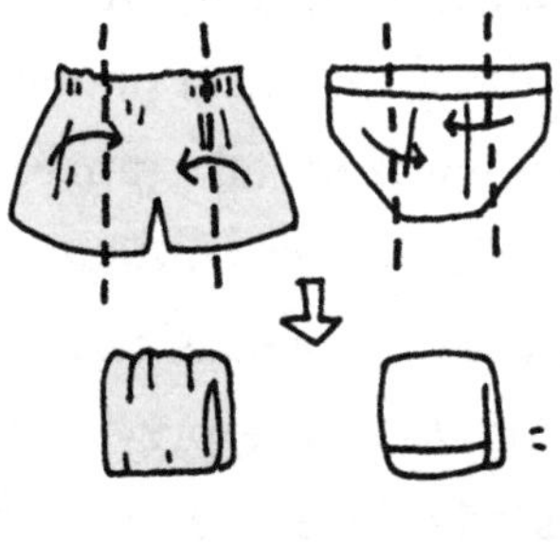

Złóż brzegi do środka, żeby powstał prostokąt, a następnie na pół i na trzy.

Zwijanie majtek zrobionych z bawełny czy innej grubej tkaniny sprawi tylko, że będą grubsze i zabiorą więcej miejsca. Zamiast je zwijać, lepiej jest je złożyć.

Jeżeli chodzi o bokserki i slipy, lepiej złożyć boki do środka, żeby utworzyć prostokąt, a następnie złożyć go na pół i jeszcze raz. Pozostałe rodzaje bielizny powinny być składane i przechowywane jak inne ubrania.

Jasne kolory z przodu, ciemne z tyłu

Trzymaj bieliznę w jaśniejszym kolorze z przodu szuflady, a tę w ciemniejszych barwach z tyłu. Szuflada z ułożonymi w ten sposób częściami garderoby wygląda jak pudełko słodyczy. Klientki często mówią mi, że ich szuflada z bielizną wygląda tak pięknie, że nie mogą się oprzeć, aby ją otworzyć i spojrzeć na zawartość. Te same zasady odnoszą się do męskich bokserek i slipów. Je także ułóż od najjaśniejszych do najciemniejszych.

Klientki często pytają, co powinny zrobić, jeżeli mają więcej niż jeden rząd bielizny, czy można umieścić pozostałe majtki w przestrzeniach między innymi ubraniami. Odpowiedź jest twierdząca, jeżeli tylko da się otworzyć szufladę i na pierwszy rzut oka widać gradację kolorów od jaśniejszych z przodu do ciemniejszych z tyłu. Zachęcam cię do eksperymentowania i sprawdzenia, co daje ci więcej radości. Bo tak naprawdę liczy się przede wszystkim twoje poczucie radości. Zobacz, co sprawdza się w twoim przypadku. To tak, jakbyś prowadziła ciągłą rozmowę ze swoimi rzeczami. Rozmowa ta pomoże ci wybrać odpowiednią metodę. **Teraz, kiedy nauczyłaś się wybierać rzeczy, które przynoszą ci radość, uwierz w swoją intuicję.** Radość nie kłamie.

Mieszkanie w czystej i uporządkowanej przestrzeni wpłynie pozytywnie na twój obraz samej siebie i zaczniesz odczuwać dysonans pomiędzy dającym ci tyle radości otoczeniem a stanem bielizny, którą nosisz. To część magii sprzątania.

Przechowuj staniki, jakby to była część królewskiej garderoby

Staniki należą do elementów garderoby, które moje klientki wymieniają najszybciej po ukończeniu sprzątania. Często po zakończeniu lekcji dostaję wiadomości, a te najbardziej niezwykłe to deklaracje dotyczące staników: „Moje zużyte staniki wreszcie opuściły dom", „Moje staniki, których termin przydatności już dawno minął, wyruszyły w podróż" oraz „Najstarsze staniki z mojej kolekcji przeszły na zasłużoną emeryturę".

Niewiele uprawianych profesji daje możliwość zetknięcia się z taką intymnością. Z tej perspektywy widać, że sposób traktowania przez ludzi bielizny wiele mówi na temat ich osobowości.

Jak składać staniki

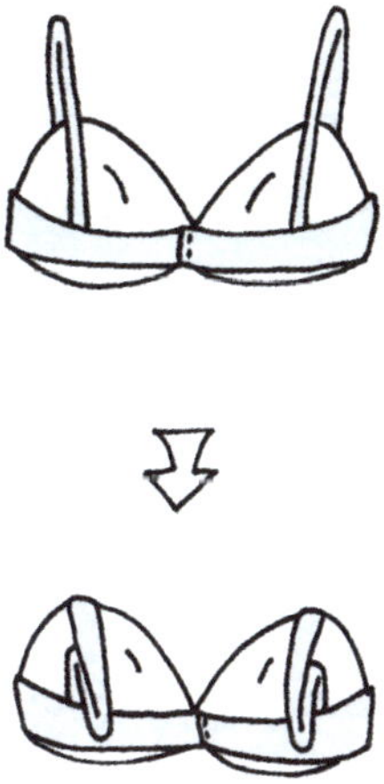

Umieść ramiączka i boki
w miseczkach.

Po pierwsze, majtki i staniki powinno się trzymać osobno. Czasami natykam się na panie, które wciskają parę majtek do miseczek stanika, żeby stworzyć zestaw. Chociaż nie ma w tym nic złego, to zachęcam cię, żebyś potraktowała swoje staniki jak strój królewski. W porównaniu z innymi ubraniami są wyjątkowo dumne i emanują specyficzną aurą. Nie są widoczne, pomimo niespotykanego kształtu i różnych elementów dekoracyjnych, takich jak falbanki i koronki. Powinny być tak przechowywane, żeby zachować kształt i żeby ich piękno było uszanowane.

Powszechnym i niefortunnym błędem jest spłaszczanie miseczek, żeby je ustawić w jednej linii. To marnotrawstwo. Zamiast tego ustaw staniki tak, żeby lekko się o siebie opierały. Jeżeli włożysz ramiączka staników oraz boczne elementy do miseczek, to wzmocnisz je. W razie potrzeby łatwo wyciągniesz stanik, nie zaburzając reszty rzędu. Ułożenie staników według gradacji kolorów także zwiększy przyjemność estetyczną. Kiedy moje klientki sięgają po tę metodę przechowywania, ich twarze zawsze rozjaśniają się radością: „To zupełnie jak na wystawie sklepowej!"– mówią. Co ciekawe, wszystkie twierdzą, że kiedy zaczynają traktować staniki z większą dbałością, to bardziej szanują także inne rzeczy.

Jaki jest idealny dom dla stanika? W mojej książce piszę o tym, że najlepiej przeznaczyć dla tej części garderoby całą drewnianą albo ratanową szufladę. Cokolwiek postanowisz, przeznacz dla staników osobne miejsce. Już to wypełni twoje serce radością.

Porządkowanie staników to świetny sposób na jej rozbudzenie. Klientki zwykle w ciągu tygodnia po skończeniu porządków kupują nowe staniki, a sporo z nich udaje się ze mną na bieliźniane zakupy po zakończeniu lekcji porządkowania. Kiedyś jedna z moich klientek oświadczyła: „Ten stanik nie daje mi radości!". Ku mojemu zaskoczeniu zdjęła gładki czarny biustonosz, który miała na sobie, i wrzuciła go do worka na śmieci. Podczas naszej następnej sesji ta sama klientka z zachwytem pokazała mi swoją intymną szufladę. W ratanowym koszyku, w którym przedtem trzymała ręczniki, pięknie prezentowały się staniki.

Szafa z ubraniami, która promienieje

Przechowywanie ubrań to żadna sztuka. Najpierw powieś ubrania, które powinny wisieć. Jeżeli masz ich zbyt wiele, złóż tyle, ile możesz, żeby zaoszczędzić miejsce i trzymaj je w szufladach. Wykorzystaj szuflady na *komono* powiązane z ubraniami, a także inne pasujące rzeczy z kategorii *komono*, na przykład akcesoria, których używasz codziennie.

Zazwyczaj półkę na górze szafy przeznacza się na torby, kapelusze, *komono* wykorzystywane sezonowo i przedmioty o wartości sentymentalnej. Jeżeli z szafy korzysta więcej niż jedna osoba, upewnij się, że każda ma swoją część.

Jeżeli masz w domu przezroczyste plastikowe pudła lub też półki, to jeśli tylko jest na nie miejsce w szafie, polecam umieszczenie ich właśnie tam. Jeżeli dopiero się wprowadziłaś, a nie masz jeszcze szuflad na ubrania, to idealny moment na dokonanie zakupu pojawi się po sprawdzeniu, które rzeczy chcesz zatrzymać.

Jeżeli masz garderobę, wykorzystaj ją w pełni. Wybierz głębokie szuflady, które świetnie się nadają do przechowywania ubrań. Górne półki mogą zostać użyte do przechowywania sezonowych rzeczy i takich, które są wykorzystywane okazjonalnie, na przykład dekoracje świąteczne albo sprzęt rekreacyjny.

Największą zaletą garderoby jest jej pojemność. A jednak gołe ściany mogą sprawiać przygnębiające wrażenie. Tak jak wspominałam wcześniej, to świetna okazja, aby wprowadzić do tego miejsca nieco radości. Jedna z moich klientek udekorowała róg szafy zdjęciami ślubnymi i przechowywała tam wszystkie zdjęcia i akcesoria ślubne, w tym napis powitalny i poduszeczkę na obrączki. „Czułam się zbyt skrępowana, żeby trzymać te rzeczy na widoku, gdzie każdy mógł je zobaczyć. Teraz wystarczy, że otworzę szafę, a wraca do mnie uczucie radości z dnia ślubu". Nieśmiały uśmiech na twarzy tej zwykle zasadniczej i skupionej na konkretach klientki we mnie także wywołał błogie wspomnienia.

Szafa to miejsce, w którym możesz robić wszystko, na co masz ochotę. Moja klientka, która lubiła wymyślać twórcze

1 2 3

rozwiązania, wykorzystała przestrzeń na dole szafy jako parking dla pojazdów dzieci. Okazało się to strzałem w dziesiątkę, bo dzieci bawiły się w parkowanie zabawek podczas sprzątania. **Jeżeli spojrzysz na garderobę jak na mały pokoik, to będziesz w stanie stworzyć tam piękną i praktyczną przestrzeń.**

Moje podejście do szaf stopniowo ewoluowało. Pewnego dnia okazało się, że inni też myślą podobnie. Podczas wizyty w muzeum Yayoi w okręgu Bunkyo w Tokio zobaczyłam ilustrację japońskiej szafy. Obrazek nazywał się „Pomysły na wykorzystanie przestrzeni" i przedstawiał szafę, w której stał regał. Śliczna lalka leżała na górze regału, a półki były obite tkaniną. Ilustracja została wydrukowana w popularnym magazynie dla dziewcząt „Himawari", publikowanym przez słynnego Junichi'ego Nakaharę w 1948 roku. Sześćdziesiąt lat wcześniej nie tylko ktoś wykorzystywał japońską szafę w zachodnim stylu, ale także uczynił z niej dzieło sztuki. Ilustracja ta jest dla mnie potwierdzeniem teorii, że szafę należy uważać za przedłużenie pokoju. To wspaniała przestrzeń do przechowywania rzeczy, która może być udekorowana jak pokój i ukryta za zamkniętymi drzwiami.

Decyzja o tym, gdzie coś umieścić, to darowanie rzeczom domu

Wielu ludzi wkłada ubrania do szuflad na dole szafy. Ale czy jest to najlepszy sposób na ich zagospodarowanie? Łatwiej będzie nam cieszyć się zawartością szafy, jeżeli będziemy dążyć do zachowania jej naturalnego stanu.

Jeżeli na przykład komoda ma kilka szuflad, to lżejsze rzeczy powinny być na górze, a najcięższe na dole. Bluzki i koszule należy trzymać w górnych szufladach, a bieliznę w dolnych. Podobnie lekkie materiały, takie jak bawełna, powinny być trzymane w górnych szufladach, a ciężkie materiały typu wełna w dolnych. Bardziej naturalne jest trzymanie rzeczy, które nosimy na głowie czy też blisko niej, takie jak szale i kapelusze, na górze. Jeżeli zastosujesz tę zasadę, to otrzymasz zestaw szuflad o aurze „wznoszącej się". Stosując dodatkowo zasadę, że wiszące ubrania są ułożone w kierunku wznoszącym na prawo, stworzysz idealną, emanującą radością przestrzeń do przechowywania garderoby.

Stosuj gradację kolorów, abyś na pierwszy rzut oka widziała, gdzie co jest i jaką kolorystyką garderoby dysponujesz. Kolory ciemne powinny znajdować się z tyłu szuflady, a jasne z przodu. Zaaranżuj je w taki sposób, żebyś miała przed oczami falę radości, która płynie w twoim kierunku, a doświadczysz jej przypływu za każdym razem, kiedy otworzysz szafę.

Czas przyjrzeć się teraz każdej z szuflad. **Pomyśl o swojej szafie jak o świecie natury, a o wnętrzu szuflad jak o domu, w którym mieszkają twoje rzeczy.** Jak już wspomniałam wcześniej, najlepiej jest zapełnić szufladę w dziewięćdziesięciu procentach, ale ubrania zrobione z cienkiego materiału,

takie jak majtki, rajstopy i slipy, należy upakować trochę ciaśniej, żeby się nie rozwijały.

Jeżeli korzystasz z głębokich szuflad, to możesz przechowywać w nich rzeczy warstwami. Na dnie ustaw złożone pionowo ubrania, a na górze płytkie, łatwe do przeniesienia pudełko z dodatkową partią złożonych ubrań.

Możesz także sprawić, żeby twoja szuflada wyglądała na uporządkowaną i schludną poprzez trzymanie ubrań i związanych z nimi różnych akcesoriów w osobnym pudełku. Na przykład odczepiane ramiączka do staników czy krawaty mogą być trzymane w małym pudełeczku.

Niektórzy ludzie sądzą, że nie ma sensu zwracać uwagi na takie szczegóły. To prawda, że radość, jaką daje właściwe rozmieszczenie rzeczy, nie jest od razu zauważalna. W porównaniu z pełnym napięcia zmniejszaniem liczby rzeczy, kiedy codziennie rośnie liczba worków na śmieci, a przestrzeń przechodzi radykalną transformację, rozmieszczanie rzeczy oznacza odnajdywanie radości w małych osiągnięciach. Pamiętaj jednak, że sprzątanie to nie tylko redukcja. Musisz wybrać wygodne miejsce dla każdej rzeczy, którą postanowiłaś zatrzymać, żeby móc w pełni wykorzystać jej potencjał. Rzeczy, które wybrałaś, będą przecież wspierać cię. **Uważam, że istotą przechowywania rzeczy jest docenianie tego, co się ma, i podejmowanie starań, żeby zbudować z nimi szczególną więź.** Decyzja o tym, gdzie coś umieścić, to danie tej rzeczy domu. Zapewniam, że po dostosowaniu sposobu przechowywania rzeczy do „specyfikacji radości", doświadczysz korzyści, jakich nigdy byś nie osiągnęła, gdybyś tylko pozbywała się rzeczy.

Torby

Torby zaliczam do kategorii ubrań, ponieważ także są trzymane w szafie. Czy wciąż trzymasz torebki, które używałaś kiedyś codziennie, a teraz zamieniłaś na podobne? Wydaje się, że jest to powszechne zjawisko wśród osób, które mają dużo torebek. Mimo że mają ich tak dużo, zwykle korzystają tylko z kilku. Jeżeli nie dokonasz świadomej selekcji, to te, które lubisz, zostaną zatopione w górze tych, które nigdy nie są używane. Tak przynajmniej stało się w moim przypadku.

Kiedy już będziesz miała za sobą selekcję, skorzystaj ze sposobu przechowywania torby w torbie. Torby, które da się złożyć, mogą być trzymane pionowo.

Akcesoria odzieżowe

Traktuję krawaty, paski, kapelusze, rękawiczki, odczepione od płaszcza futrzane kołnierze i podpinki lub kaptury, i przechowywane osobno jako akcesoria odzieżowe, i zaliczam do kategorii *komono*. Możliwe że wciąż przechowujesz dodatki do ubrań, których już dawno się pozbyłaś.

Jak składać torby materiałowe i plastikowe

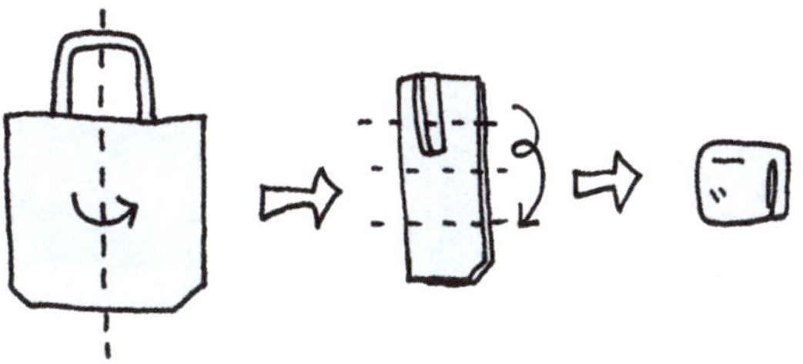

Zagnij ucho torby, a następnie złóż całą torbę. Przechowuj ją pionowo.

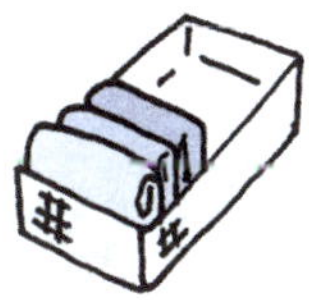

Metoda trzymania torby w torbie

Podobne torby przechowuj razem. Najlepiej jest trzymać torbę jedna w drugiej.

Trzymanie takich rzeczy „na wszelki wypadek" jest zdradliwe. Przyjmij do wiadomości, że nigdy już ich nie użyjesz i pożegnaj się z nimi.

Kiedy już dokonasz wyboru, złóż nauszniki, wełniane czapki i inne akcesoria dające się złożyć i przechowuj je w szufladzie komody, a rzeczy nie dające się złożyć – w mniejszym pudełku w szufladzie, która po otwarciu przypominać będzie wystawę sklepową. W ten sposób twoja szafa zacznie wyglądać znacznie schludniej.

Przechowuj akcesoria w sposób podkreślający ich estetykę

Japończycy mają takie powiedzenie: „Piękna nie tworzy się w jeden dzień". Nawet jeżeli zabierze to czas, to niech miejsce, w którym przechowujesz akcesoria, będzie jak najładniejsze. Kiedy zastanawiamy się z klientką nad urządzeniem miejsca do przechowywania akcesoriów, to spędzamy na tym więcej czasu niż przy planowaniu rozmieszczenia innych rzeczy. Radzę układać akcesoria w szufladzie na podobieństwo wystawy sklepowej. Każde jej otwarcie wywoła w tobie radość.

Jeżeli nie masz toaletki z prawdziwego zdarzenia, do przechowywania toaletowych akcesoriów możesz wykorzystać szufladę w komodzie albo płytszą, górną szufladę biurka. Najlepiej sprawdzają się szuflady podzielone na przegródki. Chociaż korzystanie z pustych pudełek, które już masz, jest łatwe i wygodne, to możesz nie być zadowolona z ich wyglądu. Muszą oczywiście przejść test radości. Na przykład pudełka po chusteczkach do nosa nie będą pasować, bo są zbyt zwyczajne. Polecam pudełka o solidnej konstrukcji, owinięte atrakcyjnie wyglądającym papierem albo bibułką.

Nie przejmuj się, jeżeli nie masz takich pudełek. Weź takie, jakie masz. Kiedy już znajdą się w szufladzie, widoczne będzie tylko ich dno. Wyściełane kawałkiem ładnego papieru sprawdzą się na pewno. To doskonała okazja, żeby wykorzystać rzeczy, które wywołały twoją radość, ale jeszcze nie znalazłaś dla nich zastosowania – pocztówki, papier prezentowy i torebki prezentowe w ładne wzory.

Nadają się do tego też świetnie małe naczynia. Jedna z moich klientek trzymała swoje akcesoria toaletowe w skandynawskiej szklanej popielniczce, którą uwielbiała, a którą kupiła pod wpływem impulsu. Wyglądało to bardzo efektownie. Można też skorzystać z szuflady, kosmetyczki albo szkatułki na biżuterię. Jeżeli już masz szkatułkę, którą lubisz, to śmiało z niej skorzystaj. Taka szkatułka nie tylko uwydatni piękno ułożonych w niej akcesoriów, ale także pozwoli oszczędzić czas i energię marnotrawioną na poszukiwanie drobiazgów.

Jeżeli masz szkatułkę, która nie wywołuje twojej radości, możesz ją rozebrać i wykorzystać tylko jej część. Niekiedy zaskakuję moje klientki tym, że biorę szkatułkę, którą chcą wyrzucić, zrywam górę i wyciągam trzy rzędy poduszek. Kładę pudełko bez pokrywki w szufladzie, do której pasuje idealnie, a poduszeczki umieszczam w osobnym pudełku. Części te stają się świetnymi przegródkami. Duch zabawy i temperament artystyczny bardzo się przydają przy robieniu przegródek na akcesoria.

Delikatne łańcuszki i wisiorki nie splączą się, jeżeli przeciągniesz je przez szpary wycięte na brzegach przegródek. Jest to szczególnie łatwe do zrealizowania, jeżeli korzystasz z pudełek zrobionych ze sztywnego papieru lub tektury. Można także lekko odgiąć ząbki ozdobnego grzebyka i przeciągnąć przez nie łańcuszki.

Polecam też trzymanie tego typu akcesoriów na widoku. Możesz w tym celu wykorzystać tablicę korkową. Zamiast zwykłych pinezek możesz zawiesić drobiazgi na zdekompletowanych kolczykach lub wykorzystać do tego parę kolczyków jako elementy dekoracyjne. Większa część twojej kolekcji zmieści się w szufladzie lub pudełku, a te dodatki, z których korzystasz najczęściej, trzymaj w małym naczyniu lub na tacy.

Krawaty

Krawaty powinny być tak ułożone, żeby łatwo było dokonać wyboru. Można je powiesić. Przydatny będzie wieszak na krawaty, zwykły wieszak lub drążek, który instaluje się na wewnętrznej stronie drzwi szafy.

Krawaty można również przechowywać w szufladzie. Można je zrolować i ustawić pionowo w szufladzie.

Akcesoria do włosów

Akcesoria do włosów zwykle są sortowane razem z innymi rodzajami akcesoriów. Jeżeli na przykład nie nosisz już jakiejś opaski do włosów, ale lubisz błyszczące ozdóbki, którymi jest pokryta, nie wyrzucaj jej. Wykorzystaj ją do ozdobienia wieszaka lub zrób z niej opaskę drapującą zasłony. Przyjemnie jest wykonać własne oryginalne dodatki, które będą cieszyć oko.

Zwracaj uwagę na wygląd przechowywanych akcesoriów. Takie drobiazgi jak wsuwki lub gumki będą dobrze prezentowały się w osobnych przegródkach, ale jeżeli nie masz ich za wiele, to nie trzeba ich rozdzielać.

Buty

Ludzie zwykle nie myślą o butach jako o ubraniach, ale w metodzie KonMari zostały włączone do kategorii ubrań i poddane testowi radości na dość wczesnym etapie. Kiedy już zbierzesz buty z każdego kąta domu, ustaw je na gazetach rozłożonych na podłodze i pogrupuj według typu, na przykład sandały, buty sportowe i buty wyjściowe. Przyjrzyj się każdej parze i zastanów, czy wzbudza ona twoją radość. Jeżeli jest jakaś para, która nie pasuje do ciebie i sprawia ból twoim nogom, czas się jej pozbyć. Buty są niezwykle ważne. W Japonii jest takie powiedzenie: „patrzeć na stopy danej osoby", które

oznacza zmierzyć kogoś wzrokiem. Jeżeli nosisz buty, które dają ci radość, to zaprowadzą cię ku lepszej przyszłości.

Przechowywanie butów jest jak narastająca radość

Istnieją tylko dwie metody przechowywania butów: stawianie ich bezpośrednio na stojak do butów lub też na półkach w szafie albo trzymanie ich w pudełkach w szafie. Jeżeli masz wystarczająco dużo półek, to lepiej ustawić je bez pudełek, bo te niepotrzebnie zabierają miejsce. Jeśli jednak uda ci się zmieścić do pudełka więcej niż jedną parę, to także może być to dość praktyczny sposób przechowywania butów. Wybieraj buty, które się łatwo nie zniekształcają i układaj je bokiem. W jednym pudełku staraj się zmieścić dwie pary cienkiego obuwia, na przykład sandały lub baleriny.

Podstawowa zasada przechowywania rzeczy to zmniejszenie objętości i wykorzystanie wysokości. Nie da się zmniejszyć objętości butów, zatem jedyna możliwość, to wykorzystać wysokość szafy. Do tego przydają się pomoce do przechowywania. Wkładki w kształcie litery „Z" pozwalają w pełni wykorzystać wysokość półek. Buty są przechowywane jedne na drugich, co podwaja ilość dostępnego miejsca.

Moje motto przechowywania butów brzmi: „powoli narastająca radość". Najcięższe rzeczy należy umieścić na dole, a wyżej rzeczy lżejsze. Zacznij od tego, że każda osoba będzie miała swoją własną przestrzeń w domu. Jeżeli każda osoba może dostać kilka półek, to niech jej codzienne buty, jak na przykład czółenka, stoją na dole, a wyżej umieść lżejsze buty, na przykład sandały.

Jak spakować walizkę

Pakowanie walizki na podróże służbowe i urlop rządzi się takimi samymi zasadami jak przechowywanie rzeczy w domu. Ubrania powinny być złożone i ustawione pionowo. Złóż garnitur i połóż go płasko na górze. Na górze trzymaj także staniki i nie przygniataj ich. Małe rzeczy, takie jak majtki, włóż do woreczka, pamiętaj także o zabraniu kosmetyków w mniejszych opakowaniach.

Jeszcze bardziej od pakowania się lubię rozpakowywanie. Tuż po dotarciu do domu wyjmuję wszystko z walizki, wstawiam pranie i odkładam rzeczy na miejsce. Czyszczę kółka i wycieram walizkę. Daję sobie na to pół godziny.

Udaj, że jesteś robotem do pakowania, poruszaj się szybko i sprawnie.

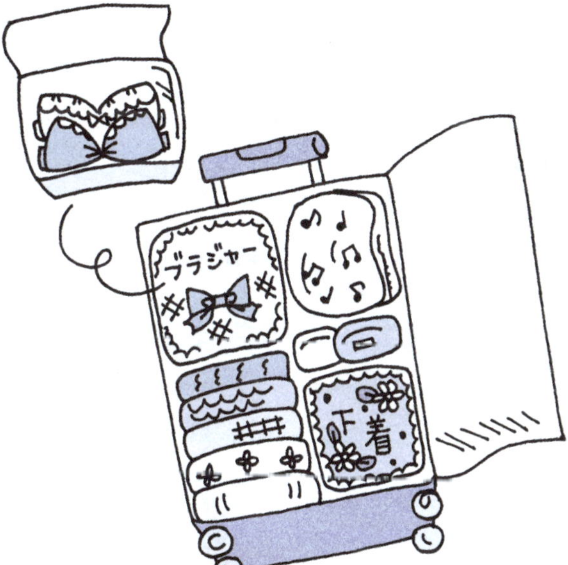

CO ZROBIĆ Z UBRANIAMI CZŁONKÓW RODZINY

Ludzie, którzy mieszkają z rodziną, często pytają mnie, czy powinni porządkować ubrania członków rodziny.

Podstawowa zasada sprzątania mówi, że najpierw należy skupić się na własnych rzeczach. Kiedy już skończysz to zadanie, to powinnaś pomóc dzieciom lub małżonkowi uporządkować ich rzeczy. Pozostaw im możliwość podjęcia decyzji, co chcą zatrzymać. Moje doświadczenie w sprzątaniu pokazuje, że większość dzieci powyżej trzeciego roku życia potrafi powiedzieć, co daje im radość.

Jeżeli masz członków rodziny, którzy niechętnie pozbywają się rzeczy, naucz ich, jak składać ubrania i przestawić się na przechowywanie ubrań w pionie. Ich szafy będą wyglądać o wiele bardziej schludnie i będą mieli zachętę, żeby zacząć sprzątać. Nawet jeżeli nie mają zamiaru sami tego robić, nie powtarzaj mojego błędu i nie wyrzucaj ich rzeczy bez pytania.

5

PORZĄDKOWANIE KSIĄŻEK

Rady dla tych, którzy nie potrafią się rozstać z książkami

Jeżeli unikasz porządkowania książek, bo jesteś przekonana, że książki to ta jedna, jedyna rzecz, bez której na pewno nie możesz się obyć, to wiedz, że się mylisz. Uporządkowanie książek to najlepszy sposób na zwiększenie wrażliwości na radość i wzmocnienie swojej sprawczości.

Najczęściej ludzie nie chcą się pozbyć książek, bo mają zamiar znowu je kiedyś przeczytać. Jeżeli jednak nie budzą one teraz w tobie radości, to gwarantuję, że nigdy już po nie nie sięgniesz. Czytamy książki, ponieważ chcemy doświadczyć czytania. Jeżeli raz przeczytałaś książkę, to już „doświadczyłaś". Nawet jeżeli nie w pełni pamiętasz jej treść, to już ją przyswoiłaś.

Pozbądź się książek przeczytanych do połowy albo nietkniętych. Cenne książki, które należą do twojego osobistego panteonu sław, lub te, których potrzebujesz, mogą być śmiało zachowane. Kiedy pozostaną ci tylko te książki, które kochasz, odkryjesz, że jakość otrzymywanych informacji znacznie się podniosła. Miejsce, jakie zrobisz, pozbywając się części swoich zbiorów, będzie mogło wypełnić się nowymi informacjami. Wkrótce zobaczysz, że informacja, której potrzebujesz, przychodzi do ciebie, kiedy jej potrzebujesz, a kiedy tak się dzieje, potrafisz na nią natychmiast zareagować. Nie było to możliwe, dopóki przetrzymywałaś książki i nie dbałaś o treści, jakie zawierają.

Podobnie jak w przypadku ubrań, zacznij od zdjęcia książek z półek i ułożenia ich w jednym miejscu na

podłodze. Weź każdą po kolei do ręki i zatrzymaj te, które wywołują w tobie radość. W czasie porządkowania bibliotecznych zbiorów nie zaczynaj czytać książek! Jeżeli masz za dużo książek, żeby przejrzeć je wszystkie za jednym razem, to sortuj je kategoriami, na przykład ogólne (do czytania dla przyjemności), praktyczne (leksykony, książki kucharskie), albumy (do przeglądania dla relaksu) i magazyny. Dla każdej kategorii przeprowadź test radości.

Serie książkowe

Komiksy i inne serie zwykle porządkuje się w ramach kategorii „książki ogólne", ale jeżeli masz ich dużo, to zrób z nich osobną kategorię. Kiedy zajmujesz się serią, niekoniecznie musisz wziąć do ręki każdy egzemplarz. Możesz sprawdzić, czy wywołuje ona w tobie radość, zbierając całą serię razem i obejmując stosik ramionami albo po prostu biorąc w ręce pierwszy tom.

Przy tej kategorii łatwo o dekoncentrację. Żeby nie stracić całego dnia na lekturę, podczas porządkowania nigdy nie otwieraj książek. Poczuj, czy budzą w tobie radość, dotykając ich. W trakcie prywatnych lekcji, jeżeli wspomnę o komiksach klienta, to od razu wda się on ze mną w długą dyskusję o ich walorach.

Magazyny, albumy ze zdjęciami i książki do przeglądania przy kawie

Przyjemnie się ogląda nie tylko magazyny i albumy ze zdjęciami, ale także katalogi, albumy ze sztuką i inne. Zatrzymaj te, które należą do twojego osobistego panteonu sław, czyli te, o których bez wątpienia wiesz, że się ich nie pozbędziesz. Magazyny żyją tyle co sezon, w którym zostały wydane. Jeżeli kupujesz je regularnie lub zaprenumerowałaś je, to wyznacz sobie maksymalną liczbę numerów, które możesz zatrzymać.

Jeżeli interesują cię jakieś zdjęcia albo artykuły, to je wytnij. Nie musisz ich od razu umieszczać w albumie pamiątkowym, trzymaj je tymczasowo w foliowej koszulce. Kiedy się je później przegląda, często nie wiadomo, po co się je w ogóle wycięło, więc przejrzyj je znowu, kiedy dojdziesz do porządkowania papierów.

Przechowywanie książek, aby cieszyły oko

Moi klienci najczęściej trzymają książki na regale, na półkach w szafie, w schowku albo w szafce. Książki z tej samej kategorii powinny być przechowywane razem, oprócz tych, które są używane w konkretnym miejscu, na przykład książki kucharskie można trzymać w kuchni. Nie trzymaj ich w stosikach. Postaw je pionowo.

Kiedy już uporządkujesz książki, to być może zaczniesz się zastanawiać, czy powinnaś była ich tyle zatrzymać. Nie należy się tym przejmować. Poprzez porządkowanie księgozbioru twoja wrażliwość na radość wyostrzy się. Jeżeli później zobaczysz, że jakaś książka spełniła już swój cel, to ją wyrzucisz. To ogromna przyjemność mieć dużo książek, które wywołują radość. Jeżeli wybrałaś te, które kochasz, to zatrzymaj je i ciesz się nimi.

STAŃ SIĘ OSOBĄ NA MIARĘ KSIĄŻEK, KTÓRE ZATRZYMAŁAŚ

Kiedy skończysz porządkować książki, zrób krok do tyłu i przyjrzyj się regałom wypełnionym nimi. Jakie książki wyróżniają się wśród twoich tytułów? Jeżeli mówiłaś wszystkim, że chcesz wyjść za mąż w tym roku, ale masz wiele tytułów „...dla singli" albo chcesz prowadzić radosne życie, a masz dużo powieści z tragicznymi tytułami, to uważaj.

Energia płynąca z tytułów książek i ich zawartości ma dużą moc. W Japonii mawia się, że „słowa tworzą rzeczywistość". Uważaj zatem na słowa, które widzisz i z którymi się stykasz. W pewnym sensie stajesz się osobą na miarę swoich książek. Zastanów się, jakiego rodzaju książki będą odzwierciedlały to, jaką osobą pragniesz być. Jeżeli na tej podstawie będziesz wybierać książki, to masz szansę zmiany biegu wydarzeń swojego życia.

6

PORZĄDKOWANIE PAPIERÓW

Podstawowa zasada dotycząca papierów brzmi: wyrzuć wszystko

Podobnie jak w przypadku ubrań i książek, pierwszym krokiem podczas porządkowania papierów jest zebranie w jednym miejscu wszystkich dokumentów, za które jesteś odpowiedzialna. A dalej? Kieruj się zasadą: wyrzuć wszystko.

Nie oznacza to, że celem jest wyrzucenie każdego pojedynczego, a raczej, że powinnaś wybrać te niezbędne dokumenty, przy założeniu, że większość papierów zostanie wyrzucona. Pojedyncza kartka papieru prawie nie zabiera miejsca, co sprawia, że łatwo jest uzbierać całe ich stosy. Jeżeli nie podejdziesz do procesu selekcji papierów z postanowieniem, że pozbędziesz się ich wszystkich, to ledwo dotkniesz czubka góry lodowej. Zatrzymaj tylko te, które mają jasno określony cel: obecnie ich używasz, będziesz potrzebowała ich na określony czas oraz te, które potrzebujesz na czas nieokreślony.

Istotne jest, żeby sprawdzić każdy dokument po kolei. Jeżeli koperta wypełniona jest papierami, to wyjmij je wszystkie, bo ważne dokumenty mogły wymieszać się ze świstkami reklamowymi. Sortowanie papierów może być wyczerpujące, dbaj więc o nawodnienie i powoli przedzieraj się przez każdą kategorię papierów.

Przygotuj pudełko: sprawy do załatwienia

Koniecznym elementem porządkowania papierów jest „pudełko ze sprawami do załatwienia". Włóż do pudełka wszystkie dokumenty, które wymagają od ciebie jakiegoś działania, na przykład listy, które zamierzasz wysłać, rachunki do zapłacenia i sprzątaj dalej. Jednak wszystko co można załatwić od razu, na przykład sprawdzenie, co jest w kopercie albo przejrzenie ulotki, żeby można ją było wyrzucić, powinno zostać zrobione od razu. Nadmiar papierów z rzeczami do załatwienia osłabi twoją motywację zajęcia się nimi.

Dobrze sprawdza się stojak na gazety, ale można także wykorzystać puste pudełko albo przezroczystą teczką na większą ilość papierów.

Jeżeli prowadzisz kampanię sprzątania z całą rodziną, upewnij się, że każda osoba ma swoje pudełko.

Materiały do nauki

Czy masz materiały ze szkoleń zawodowych albo z zajęć uniwersyteckich? A może zachowałaś materiały z seminarium z rozwoju osobistego? Ludzie zachowują je z nadzieją, że któregoś dnia do nich wrócą, ale powiedz mi szczerze, czy kiedykolwiek udało ci się to zrobić? W większości przypadków „kiedyś" nie nadchodzi nigdy.

Kursy te miały wartość, kiedy na nie uczęszczałaś, ale mają o tyle znaczenie, o ile wdrożyłaś to, czego się na nich nauczyłaś. Uważam, że kurczowe trzymanie się takich materiałów tak naprawdę powstrzymuje nas przed wykorzystaniem tego, czego się nauczyliśmy. Kiedy bierzesz udział w jakimś kursie, to po jego zakończeniu oddaj materiały do recyklingu. Jeżeli żałujesz, że pozbyłaś się jakiś materiałów, to weź udział w kursie ponownie, ale tym razem od razu zastosuj to, czego się nauczyłaś.

Wyciągi z kart kredytowych

Wyciągi z kart kredytowych zajmują pierwsze miejsce na liście papierów, które ludzie zwykle przechowują. A ponieważ są sporządzane co miesiąc, to jeżeli masz więcej niż jedną kartę, szybko ich przybywa.

Tymczasem jest to po prostu informacja o tym, ile wydaliśmy. Kiedy już potwierdzisz stan konta i odnotujesz go w swoich zapiskach, to zadanie takiego dokumentu zostało wykonane. Przepuść go przez niszczarkę, chyba że potrzebujesz go do rozliczenia podatku na koniec roku. Większość banków oferuje usługi elektroniczne i może warto się na nie przerzucić.

Gwarancje

Każdy sprzęt elektryczny, który kupujesz, jest na gwarancji. To jeden z najbardziej powszechnych dokumentów, jakie można znaleźć w każdym domu, zazwyczaj trzymany w oddzielnej koszulce albo specjalnej teczce. Jeżeli jednak teczka

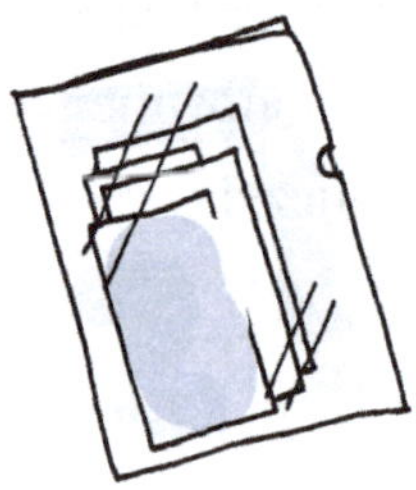

ma zbyt wiele przegródek, to może się to okazać pułapką. Jeżeli każda gwarancja jest schowana w oddzielnej przegródce, to prawdopodobieństwo, że kiedyś na nią spojrzysz, jest małe.

Najprostszym rozwiązaniem jest trzymanie wszystkich gwarancji w pojedynczej, przezroczystej teczce. Za każdym razem, kiedy szukasz potrzebnej ci gwarancji, przy okazji możesz zobaczyć te, które już straciły swoją ważność. Jeżeli potrzebujesz zachować paragon, to trzymaj go razem z gwarancją.

Instrukcje obsługi

Nie dość że nudne i niezrozumiałe, to jeszcze przeważnie są pokaźnych rozmiarów i zajmują dużo miejsca. Większość ludzi wolałoby ich nie trzymać, ale czuje się do tego zobowiązana. Często zachowują je nawet wtedy, kiedy urządzenie, do którego instrukcja była przypisana, zepsuło się i zostało zastąpione przez nowe. Zapewniam cię, że możesz je śmiało oddać do recyklingu.

Nawet jeżeli okaże się, że instrukcja jest potrzebna po tym, jak się jej pozbyłaś, to informację można znaleźć on-line albo dzwoniąc do producenta. Natomiast jeżeli należysz do osób, które czerpią radość z czytania instrukcji lub też często korzystają z instrukcji obsługi ulubionego aparatu, to pozostaw sobie te instrukcje, które dają ci radość.

Kartki świąteczne

Kartki świąteczne to jedne z tych papierów, których najtrudniej się pozbyć. Niosą specjalne wiadomości od przyjaciół lub rodziny, a z przodu często widnieje zdjęcie, które sprawia, że jest to dla nas niemal rzecz o wartości sentymentalnej.

Jednak celem kartki świątecznej jest przekazanie życzeń i pozdrowień. Kiedy tylko została przeczytana, to wypełniła swoje zadanie. Zatrzymaj tylko te, które naprawdę wywołują radość.

Wycinki

Przepisy z gazet, które wieszasz na lodówce, ale których nigdy nie wykorzystałaś, mapy turystyczne miejsc, których nie masz zamiaru odwiedzić, artykuły z gazet, które miałaś zamiar przeczytać, ale się już zdezaktualizowały… Czy któraś z tych rzeczy budzi w tobie teraz radość?

Kiedyś wycinałam informacje dotyczące Kioto i Kamury, kiedy tylko natrafiałam na opisy tych miast w magazynach, ale kie-

dy wreszcie je odwiedziłam, nie miałam ze sobą tych wycinków, bo zapomniałam je zabrać. W końcu wyrzuciłam je wszystkie.

Jeżeli zostawisz sobie jakieś wycinki, to przechowywanie ich w segregatorze z plastikowymi koszulkami będzie najprostszym rozwiązaniem. A jeżeli chcesz poczuć więcej radości, to dobrą alternatywą jest album z wycinkami. Wycinki, które nie muszą być archiwizowane, takie jak artykuł na temat sklepu, w którym chcesz niedługo coś kupić, powinny być trzymane w pudełku z rzeczami do załatwienia.

Wyznacz dzień na zajęcie się rzeczami do załatwienia

Kiedy już skończysz porządkować papiery, sprawdź zawartość pudełka z rzeczami do załatwienia. Czy jest pełne? Jeżeli chodzi o papiery z rzeczami do załatwienia, to najlepiej wyznaczyć sobie konkretny termin i zająć się nimi za jednym zamachem. Te, które można oddać do recyklingu po sprawdzeniu zawartości, powinny być natychmiast wyrzucone. Działając siłą rozpędu, przejdź do tych papierów, które wymagają od ciebie reakcji albo innego rodzaju działań.

Można się nimi zająć po zakończeniu całej kampanii sprzątania, ale rzeczy, które pozostają w zawieszeniu, to o wiele większy ciężar niż możesz się spodziewać. Poczujesz się znacznie spokojniejsza, kiedy zajmiesz się nimi przed rozpoczęciem sprzątania *komono*.

JAK UPORZĄDKOWAĆ PAPIERY W BIURZE

Jeżeli sprzątasz biuro, to zacznij od swojego biurka, zanim zajmiesz się wspólną przestrzenią. Sprzątnij wszystko za jednym razem, tak jak zrobiłabyś to w domu. Zachowaj następujący porządek: sprzątnij książki, papiery, przybory biurowe i dopiero resztę.

Jeżeli masz przeciętnej wielkości biurko, to powinno ci to zająć około sześciu godzin. Proponuję zacząć kampanię sprzątania wcześnie rano, kiedy nikogo nie ma. Będzie to wymagać trzech sesji dwugodzinnych, ale jeżeli uda ci się wygospodarować całe sześć godzin, to jedna sesja wystarczy.

Szkoda byłoby się poddać tylko dlatego, że nie jesteś w stanie wygospodarować sześciu godzin na sprzątanie. Statystyki mówią, że przeciętna osoba spędza pół godziny dziennie na szukaniu różnych rzeczy, podczas gdy ludzie, którzy często zostawiają rzeczy w różnych miejscach, spędzają na szukaniu nawet dwie godziny dziennie. Jeżeli ktoś pracuje przez dwadzieścia dni w miesiącu, oznacza to, że traci czterdzieści godzin miesięcznie na szukaniu zagubionych drobiazgów. Wyobraź sobie, jakby to było rozwiązać ten problem w sześć godzin. Inwestycja czasowa zwróci się natychmiast.

Uporządkowane biurko pomoże ci osiągnąć większą efektywność w pracy.

7

PORZĄDKOWANIE *KOMONO*

Jeżeli chodzi o podjęcie decyzji, gdzie co przechować, to najtrudniejszą kategorią są *komono* (rzeczy różne), ponieważ składa się na nią bardzo duża liczba podkategorii. Przybory biurowe, kable elektryczne, kosmetyki, artykuły kuchenne, jedzenie, środki czystości, środki do prania... Już samo wymienienie tych wszystkich rzeczy może przyprawić o zawrót głowy. Kiedyś też zmagałam się z podjęciem decyzji, gdzie będę trzymać *komono*. Już sama myśl o nich była nieprzyjemna, a widok wszystkich *komono* rozłożonych przede mną sprawiał, że chciałam się poddać. Kładłam się na łóżku i marzyłam, że przyjdą krasnoludki i wszystko za mnie zrobią, podczas gdy ja będę spać. Po przebudzeniu musiałam zmierzyć się z faktem, że nic się w tym czasie nie zmieniło. Nie zliczę, ile razy traciłam nadzieję, kiedy tylko stawałam przed półkami.

Dzisiaj wiem, że kluczem do szybkiego i skutecznego porządkowania *komono* jest znajomość kategorii posiadanych przedmiotów. Kiedy już określisz kategorie przedmiotów znajdujących się w twoim domu, postępuj według następującego harmonogramu:

1. Zbierz rzeczy z jednej kategorii w jednym miejscu.
2. Wybierz tylko te, które wywołują radość.
3. Przechowuj rzeczy według ich kategorii.

Być może będą jakieś kategorie *komono*, które są wspólne dla ciebie i członków twojej rodziny, ale zacznij najpierw od tych, które należą tylko do ciebie. Jeżeli mieszkasz sama, zacznij od kategorii *komono*, które lubisz.

Natykając się na rzeczy, które nie wzbudzają twojego entuzjazmu, spróbuj je wylewnie pochwalić. Pomyśl, jak bardzo ułatwiają ci życie, jak wspaniale wyglądają i jakie mają przydatne cechy. Powiedz im, że są niezastąpione. Poczujesz wdzięczność za ich wsparcie i pomoc. Zobaczysz, że z czasem przestaną być tylko życiowym udogodnieniem, a staną się też źródłem radości. Jeżeli nie znajdziesz nic, za co możesz je pochwalić albo chwalenie jakiejś rzeczy odbierasz jako coś sztucznego, to idź za głosem serca.

Porządkowanie *komono* to świetna okazja, żeby wyostrzyć swoją wrażliwość na radość. Twoje rzeczy tyle wnoszą do twojego codziennego życia, że warto, żebyś odpłacała im za to wdzięcznością.

Płyty CD i DVD

Chociaż kolejność sprzątania *komono* zależy od ciebie, to większość ludzi zaczyna od płyt. Stosunkowo łatwo jest wybrać te, które przynoszą radość, ponieważ płyty CD i DVD są podobne do książek i papierów – one także są źródłami informacji. Zbierz je jak zwykle w jednym miejscu, weź do rąk każdą po kolei i zatrzymaj te, które dają ci radość. Jeżeli masz jakieś rzeczy, których planujesz się pozbyć po zainstalowaniu czy zgraniu ich na komputer, włóż je do pudełka z rzeczami do załatwienia. Jeżeli podoba ci się okładka jakiejś płyty, zatrzymaj ją.

Być może natrafisz na płytę o charakterze sentymentalnym od przyjaciół albo dawnych miłości. Jeżeli przypomina ci tylko czas, kiedy słuchałaś takiej muzyki i przywołuje nostalgiczne wspomnienia, to wyraź swoją wdzięczność, wyrzuć płytę i przejdź do następnej! Cokolwiek zrobisz, nie włączaj płyt ani nie zaczynaj oglądać DVD.

Artykuły biurowe

Artykuły biurowe można podzielić na przybory piśmiennicze, artykuły papiernicze i papeterie.

Przybory piśmiennicze

Zacznijmy od nich. Zaliczamy do nich przedmioty, których liczba zwykle się nie zmniejsza, takie jak długopisy, nożyczki, zszywacze i linijki. Sprawdź, czy nieużywane długopisy jeszcze piszą. Czas pozbyć się tych, które nie wywołują radości, w tym otrzymanych jako materiały promocyjne.

To bardzo zróżnicowana kategoria, która obejmuje różnego rodzaju przybory i materiały. Pogrupuj je w małych, wyraźnie oddzielonych przegródkach i przechowuj pionowo. Drobiazgi, takie jak zszywki, gumki do ścierania i wkłady do ołówków, będą lepiej zabezpieczone, jeżeli umieści się je w małych pudełkach.

Artykuły papiernicze

Należą do nich artykuły wykonane z papieru, takie jak notesy, karteczki samoprzylepne i koszulki oraz przezroczyste teczki i segregatory.

Czy masz stos zeszytów zapisanych do połowy? Kiedy ktoś zaczyna nowy projekt, chętnie korzysta z nowego zeszytu. Wyrzuć wszystkie, które spełniły swoje zadanie, chyba że dalej sprawiają ci radość.

Nie zapomnij uprzątnąć koszulek i teczek. Łatwo zapełniają się papierami, a rekordzistka wśród moich klientek miała ich 420. Przekazała je do firmy, w której pracuje.

Artykuły papiernicze zwykle przechowuje się obok dokumentów i papierów. Drobiazgi takie jak notatniki i karteczki samoprzylepne najlepiej trzymać pionowo w małym pudełku i postawić na półce.

Papeterie

Do tej grupy zaliczam papier listowy, koperty, pocztówki i tym podobne. W tym samym czasie możesz uprzątnąć pozostałe rzeczy potrzebne do pisania listów, takie jak znaczki czy etykietki adresowe.

Miałam szczere chęci, aby regularnie odpisywać na listy i wysyłać bileciki z serdecznymi podziękowaniami. Zgromadziłam dużo zestawów papeterii, ale prawie zawsze przegapiałam moment właściwy na wysłanie listu i przekazywałam podziękowania pocztą elektroniczną.

Jeżeli papeteria nie wzbudza w tobie radości, to nie będziesz miała motywacji, żeby napisać list. Zatrzymaj tylko te zestawy, które wywołują w tobie chęć pisania. Na pewno trafisz na takie rzeczy jak pocztówki, które kupiłaś pod wpływem impulsu w trakcie podróży, a teraz nie wiesz, co z nimi zrobić. Jeżeli iskra radości wygasła, to podziękuj im za wspomnienia i oddaj je do recyklingu, a zatrzymaj te, które naprawdę ci się podobają, nawet jeżeli ich nigdy nie wyślesz.

Komono elektroniczne

W tej kategorii mieszczą się aparaty fotograficzne, przenośne konsole do gier i komputery. Jeżeli twoim hobby są aparaty fotograficzne, i masz do nich dużo części, możesz zrobić z tego osobną kategorię i zająć się nimi później.

Wiele ludzi trzyma w domu stare telefony komórkowe. Jedna z moich klientek miała siedemnaście nieużywanych aparatów telefonicznych. Jeżeli jesteś przywiązana do swoich telefonów i trudno ci się ich pozbyć, to zostaw je na później, kiedy zajmiesz się kategorią przedmiotów o wartości sentymentalnej. Jeżeli chcesz zachować dane z aparatu telefonicznego, to włóż telefon do pudełka z rzeczami do załatwienia i nie zapomnij zająć się tym później! Kiedy pozbywasz się telefonów i komputerów, możesz skorzystać z punktów zbiórki elektrośmieci.

Kable elektryczne

Kable to typowe elektryczne *komono*, które często leżą w domu poplątane. Czy masz w domu kłębowisko kabli? Na pewno. A może nagromadziłaś wiele słuchawek, które

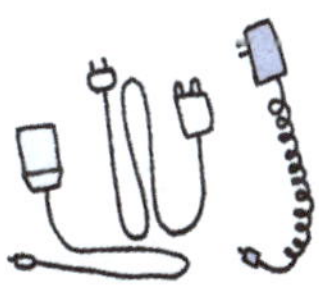

były dołączone do czegoś, tyle że nie bardzo pamiętasz do czego? Czy naprawdę są ci potrzebne?

Usuń tego rodzaju kable z plastikowych worków, w których je trzymasz, rozplącz zgromadzone kłębowisko i sprawdź każdy sznur po kolei. Na pewno natrafisz na takie, których nie potrafisz zidentyfikować. Nie zachowuj tajemniczych kabli na później, tylko zajmij się nimi od razu. Jeżeli skończyłaś porządkować urządzenia elektroniczne, to dopasowanie do nich kabli powinno być o wiele prostsze. Tajemnicze kable z czystym sumieniem oddaj do recyklingu.

Karty pamięci i baterie

Do elektroniki zaliczam też malutkie elementy dodatkowe. Wszystkie przedmioty z elementami elektrycznymi czy elektronicznymi mają charakterystyczny gryzący zapach. Poszukaj zatem pozostałych elementów z tej kategorii, kierując się swoimi zmysłami.

Poza kartami pamięci, USB, pustymi płytami DVD, tuszem do drukarki i bateriami, możesz także uporządkować wszelki sprzęt elektryczny, który służy ci do pielęgnacji zdrowia i urody. Kiedy odwiedzam klientów w domu, często napotykam na wiele różnych kabli podłączonych do gniazdek i całe mnóstwo urządzeń elektrycznych. Powietrze wydaje się nasycone prądem. Być może to uczucie przenosi się na nasze ciała, bo kiedy dokona się pełnego procesu sprzątania, to nagle pojawia się poczucie ulgi.

Środki do pielęgnacji skóry i kosmetyki

Wykorzystaj kosmetyki do pielęgnacji skóry, zanim skończy się ich ważność. Jeżeli trzymasz próbki kosmetyków na czas podróży, to szczerze odpowiedz na pytanie, czy kiedykolwiek wzięłaś je ze sobą w podróż. Jeżeli masz takie same próbki co środki do pielęgnacji, których już używasz, to połącz je ze sobą.

Nie odkładaj środków do pielęgnacji, których nie używasz, a z którymi trudno ci się rozstać, posmaruj obficie nimi swoje ciało.

Kosmetyki do pielęgnacji skóry zwykle trzymane są niedaleko umywalki. Jeżeli masz ich kilka, najprościej jest trzymać je wszystkie w jednym miejscu. Małe rzeczy, takie jak pojemniki z kremem do oczu, można przechowywać w małym pudełeczku. Jeżeli nie masz wystarczająco dużo miejsca, możesz urządzić dla nich specjalny kącik w szafie albo na półce, gdzie trzymasz *komono*. Jeżeli masz ich za dużo, żeby trzymać je w jednym miejscu, podziel je na kosmetyki używane na co dzień i rzadziej.

Kosmetyki do makijażu

Pamiętaj, że kosmetyki służące do pielęgnacji skóry i makijażu powinny być przechowywane osobno. W przeciwieństwie do tego, co sądzi wielu ludzi, kosmetyki do pielęgnacji skóry to nie to samo, co do makijażu. Kremy są wilgotne i wodniste, a pudry i błyszczyki nie wchłaniają wody. Ekspozycja na wilgoć może zniszczyć jakość kosmetyku do makijażu. Na przykład kropla kremu spadająca na róż do policzków może sprawić, że będzie niezdatny do użytku. To dlatego najlepiej trzymać osobno kosmetyki do pielęgnacji skóry i makijażu. Nawet jeżeli mamy na nie tylko jedną szufladę, bezpiecznej będzie oddzielić je, wkładając kosmetyki do pielęgnacji skóry do osobnego pudełka. Możesz potem je wyjąć razem z pudełkiem i użyć w innym miejscu.

Kosmetyki, które należą do obu tych kategorii, takie jak na przykład podkład w płynie, który może służyć jako krem, mogą być przechowywane razem z produktami z którejkolwiek z grup, podobnie jak kosmetyki do włosów. Perfumy najlepiej trzymać na widoku albo koło kosmetyków do makijażu.

Kiedy porządkujesz kosmetyki do makijażu, dokonaj zdecydowanego wyboru. Czas pożegnać się ze starymi kosmetykami i tymi, które już do ciebie nie pasują.

Kosmetyki najlepiej ułożyć w estetycznie zaaranżowanej przestrzeni. Moje podejście do kosmetyków jest takie samo jak do akcesoriów odzieżowych. Trzymam je w szufladzie w pudełku, w specjalnym kuferku albo w kosmetyczce. Jeżeli posiadasz toaletkę, to tam najlepiej trzymać kosmetyki. Toaletkę można świetnie wykorzystać. Jednak posiada ją mniej niż trzydzieści procent moich klientek, a spośród tych, które ją mają, tylko jedna potrafiła ją pięknie zaaranżować. Zwykle na toaletce panuje chaos.

Weźmy na przykład moją klientkę M. Kiedy po raz pierwszy weszłam do jej pokoju, na wysmukłej drewnianej toaletce panował taki bałagan, że trochę czasu zabrało mi zorientowanie się, co to w ogóle jest. Walały się tam akcesoria do makijażu: z buteleczki z podkładem w płynie wylewała się beżowa maź, puder kompaktowy miał uszkodzoną pokrywkę, a pudełeczka z różem do policzków i cieniem leżały otwarte. Walały się tam także luzem różne pędzelki. Pilniki i szminki wystawały z górnej szufladki, co uniemożliwiało jej zamknięcie. A górę pokrywała gruba warstwa kurzu, jakby klientka rozsypała tam cukier puder. Miejsce to bardziej przypominało nawiedzony dom niż toaletkę.

Można by założyć, że właścicielki toaletek chcą, żeby wyglądały pięknie, a jednak w wielu przypadkach zamieniają je w parking dla swoich kosmetyków. Nie mam wielu kosmetyków i jestem zupełną amatorką, jeżeli chodzi o robienie makijażu. Byłam ciekawa, czy są jakieś istotne zasady przechowywania kosmetyków do makijażu i planowałam pójść do sekcji kosmetycznej domu towarowego, żeby porozmawiać z personelem albo zapytać koleżankę, która miała dużą wiedzę na ten temat, kiedy to po poradę przyszła do mnie S. Idealnie się złożyło, gdyż S. jest profesjonalną wizażystką. Poza tym, że udziela lekcji z tego zakresu, to jeszcze pracowała w Paris Collection i jako wizażystka gwiazd. Obecnie ma własny salon kosmetyczny, w którym udziela profesjonalnych porad.

Sposób, w jaki przechowuje kosmetyki i akcesoria, jest dokładnie taki, jakiego należałoby oczekiwać od profesjonalistki. Kiedy odwiedziłam ją w domu, oddała właśnie toaletkę koleżance i trzymała swoje kosmetyki w zwykłym kwadratowym pudełku razem ze składanym lusterkiem. Kosmetyki były profesjonalnie posegregowane. Znajdowały się tam podkłady, tusz do rzęs, cienie do powiek i brwi, szminki i błyszczyki oraz róże. Wszystkie części i przyrządy były podzielone na kategorie. Tam, gdzie to możliwe, rzeczy stały pionowo, a zawartość pudełka była tak ułożona, żeby widać było każdy element na pierwszy rzut oka.

„Podzieliłam wszystko na zespoły. Zespół 1. składa się z rzeczy, z których korzystam codziennie, a zespół 2. z rzeczy, które trzymam pod ręką, żeby wprowadzić trochę urozmaicenia. W zespole 1. jest wszystko, czego potrzebuję, żeby zadbać o podstawowy wygląd. Trzymam go w woreczku i zabieram ze sobą, abym mogła poprawić makijaż w razie potrzeby" – wyjaśniła.

„Jeżeli zrobienie makijażu wymaga za dużo pracy, to znaczy, że coś jest nie tak. Podstawowa zasada przechowywania kosmetyków do makijażu, to eliminacja wszelkich niepotrzebnych czynności".

Przechowywała także patyczki do uszu w wizytowniku. Wyjęła cienie do powiek z oryginalnych opakowań i stworzyła własną paletę kolorów. „Brudne pojemniki po kosmetykach są obrzydliwe. Pojemniki zawierające puder należy często przecierać. Jeżeli się o to nie dba, to kosmetyki tracą swoje piękno".

Po otwarciu pudry mogą być przechowywane do dwóch, trzech lat. Pozbądź się szminek po około roku, zwłaszcza kiedy zaczną pachnieć jak zjełczały olej. Trwałość takich produktów jak podkład w płynie, które bardziej przypominają kosmetyki do pielęgnacji skóry, także wynosi około roku. Z perspektywy profesjonalistki, kosmetyki mają o wiele mniejszą trwałość, niż się spodziewałam. Wiele kosmetyków, które widziałam u moich klientek, musiało mieć pięć albo więcej lat.

„Nie ma reguły mówiącej, że trzeba się malować, prawda? Oznacza to, że jeżeli chcesz regularnie robić sobie makijaż, to potrzebujesz utrzymać poziom motywacji. Warto kupić takie produkty, które ją zwiększą. Czynnik radości jest niezwykle istotny w przypadku kosmetyków. Makijaż to rytuał, który przygotowuje cię na cały dzień. Jeżeli poranna rutyna nie przynosi ci radości, to taki właśnie czeka cię dzień".

S. szybko zamieniła moją lekcję na temat przechowywania kosmetyków w wykład na temat makijażu, ale pozwoliła mi zrozumieć dwie ważne rzeczy. Po pierwsze, kosmetyki powinny być tak przechowywane, żeby były łatwo dostępne. Jako że w tej kategorii mieści się tyle różnych produktów, ważne jest, żeby na pierwszy rzut oka można było stwierdzić, gdzie są. Najlepszy sposób, żeby to zrobić, to trzymać pojedyncze produkty osobno, jak robi to S. W tym celu potrzebne są przegródki. Można wykorzystać profesjonalny kuferek na kosmetyki do makijażu, który ma wiele małych przegródek, albo znaleźć odpowiednie pudełko.

Być może tak jak ja nie masz wielu kosmetyków, wtedy nie potrzeba ci aż tylu przegródek. Najprościej jest podzielić kosmetyki do makijażu i akcesoria na takie, które można przechowywać w pozycji pionowej i na te, które przechowuje się na płasko. Znajdź pojemnik, w którym będzie można zmieścić wszystkie akcesoria w pozycji pionowej. Może to być puszka o kształcie tuby, szklanka lub podobne naczynie. Włóż do niego przybory, które mają patyczkowaty kształt: tusz do rzęs, kredki do oczu i pędzelki. Pozostałe rzeczy można trzymać w kosmetyczce albo pudełku. Puder kompaktowy oraz zestaw cieni do powiek także możesz trzymać w pozycji pionowej, dzięki czemu zaoszczędzisz miejsce. Jeśli jednak masz wystarczająco dużo miejsca, to możesz również położyć tego typu kosmetyki płasko, dzięki czemu kolory będą lepiej widoczne i ucieszą twoje oczy. Dopasuj zatem sposób ich przechowywania do swojego gustu.

Akcesoria relaksacyjne

W ciągu ostatnich kilku lat zauważyłam, że ludzie mają coraz więcej specyfików do aromaterapii, takich jak świeczki i olejki. Świadczy to o tym, że coraz więcej osób poszukuje odprężenia i uzdrowienia. Sprawdź każdy element z tej

kategorii pod kątem radości, w tym produkty do masażu i akupresury. Wyrzuć stare olejki i zapachy, które ci się nie podobają. Upewnij się, że akcesoria do relaksacji także będą mogły wypocząć, kiedy ich nie używasz. Efekt odprężenia zwiększy pudełko wykonane z naturalnych materiałów, na przykład ratanowe, i zastosowanie przegródek.

Leki

Leki wydają się mieć wieczną trwałość, ale tak nie jest. Na pewno masz w swojej apteczce takie medykamenty, które straciły już ważność. Kiedyś znalazłam buteleczkę seiroganu (japoński specyfik na kłopoty z przewodem trawiennym), który miał ponad dwadzieścia lat i odrażający zapach. Pozbądź się tych przeterminowanych oraz leków niewiadomego pochodzenia.

Najlepiej jest trzymać leki pionowo w apteczce, ale jeżeli masz ich niewiele, to możesz trzymać je w kosmetyczce lub woreczku.

Przedmioty wartościowe

Moja klientka oparłszy ręce na biodrach, patrzy na *komono* zalewające jej pokój i wzdycha: „KonMari, mówiłaś, że powinnam sortować rzeczy na podstawie materiału, pamiętam o tym i potrafię rozróżnić tkaninę, papier i rzeczy elektroniczne, ale jak mam określić pozostałe rzeczy?".

„Powąchaj je" – mówię.

Zapada niezręczna cisza.

„Zamknij oczy" – proszę. Podsuwam jej pod nos trzy rzeczy, i trzymam każdą z nich przez dziesięć sekund. A potem pytam, co jej przypomina ten zapach.

„Cóż, nie wiem, ale chyba… pieniądze". Mówi to niepewnie, ale ma całkowitą rację. Te trzy przedmioty to książeczka czekowa, banknot dziesięciu tysięcy jenów i kupon upominkowy. Rzeczy, które należą do kategorii „rzeczy wartościowych", takie jak gotówka, karty kredytowe czy kupony upominkowe, to zasadniczo pieniądze. Jest coś, co nadaje im mocny metaliczny zapach. Łatwiej sobie to uzmysłowić, jeżeli wyobrazisz sobie monety, które właśnie opuściły mennicę.

Co ciekawe, chociaż elementy informacyjne, takie jak książki i dokumenty składają się z papieru, podobnie jak książeczki czekowe oraz banknoty, to te pierwsze mają lekko kwaśny zapach, a te drugie lekko metaliczny. Zastanawiając się, czy ta różnica wiąże się z koncepcją jing-jang i pięciu żywiołów, sprawdziłam w księdze *feng shui* i okazało się, że książki przypisane są do żywiołu drewna, a pieniądze do metalu. Jeszcze w innej pozycji książkowej przeczytałam informację, że jeśli chodzi o smak, to drewno klasyfikuje się jako kwaśne, a pieniądze jako gorzkie. Cechy te mogą wiązać się z fizycznością, na przykład typem tuszu czy też wilgotnością, jaką nasiąkają książki trzymane jedna na drugiej, ale w każdym razie cieszyłam się, że moja intuicja była zgodna ze starożytną mądrością.

Nie wszyscy ludzie rozróżniają rzeczy po zapachu, ale im bardziej klient pracował nad redukcją rzeczy, tym większe prawdopodobieństwo, że się ze mną zgodzi. Aura, jaką emitują rzeczy, będzie się zmieniać w zależności od ich roli

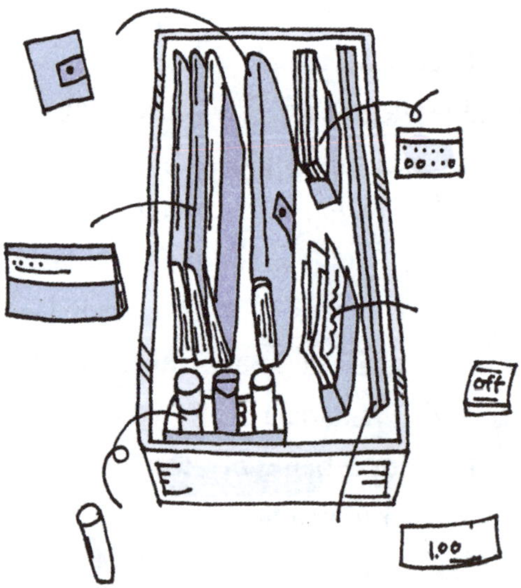

w twoim życiu, od tego jak są traktowane i jakie cechy ma materiał, z którego są zrobione. Mogą nie wydzielać zapachu, ale moje powonienie jest w stanie go wyczuć. Ludzkie zmysły mają moc, którą nie zawsze daje się logicznie wyjaśnić.

Przedmioty wartościowe to taka kategoria, wobec której pragmatyka bierze górę nad radością. Wyrzuć wszystkie przedmioty, które straciły ważność, a te, które chcesz użyć, włóż do pudełka ze sprawami do załatwienia i wyznacz termin działania.

Ze względu na swoją wartość powinny być przechowywane z szacunkiem, na przykład w specjalnej komódce albo drewnianym pudełku. Zalecam przechowywanie kart kredytowych w pudełkach wielkości wizytowników. Karty, których nie używasz na co dzień, takie jak zapasowe karty kredytowe, karty medyczne, mogą być przechowywane w etui, ale łatwiej je wyjmować, kiedy stoją pionowo w pudełku, dzięki czemu ta metoda przechowywania jest bardziej praktyczna. Do tej podkategorii należą także rzeczy potrzebne w podróży, takie jak portfel, pieniądze w obcych walutach i paszport.

Niekwestionowanym królem przedmiotów wartościowych, któremu należny jest szczególny respekt, jest portfel. Tak naprawdę to pieniądze powinny być traktowane z szacunkiem, ale pieniądze leżące luzem są zdane na pastwę losu. Jeżeli ciśniesz zmięty banknot studolarowy na stół, straci on swoją królewskość. Wygląda wtedy dość żałośnie i jakby znalazł się w krępującej sytuacji. Ale kiedy włożysz go do portfela, to odzyskuje dumę i emanuje z niego poczucie władzy.

Pieniądze traktuje się dość bezceremonialnie. Portfel przyjmuje pieniądze z całym ich bagażem emocjonalnym. Możesz dać wsparcie swojemu portfelowi i czas na odpoczynek. To nie oznacza nic skomplikowanego. Jak wszystkie należące do ciebie rzeczy, potrzebny im jest właściwy dom. **Dbając o swój portfel, za każdym razem, kiedy wyjmiesz z niego gotówkę, odczujesz wdzięczność. Zmieni się także twoje podejście do pieniędzy.**

Zestawy do szycia

Pozwól, że zadam ci pytanie. Jak często korzystasz z zestawu do szycia? Większość ludzi odpowiada, że w ciągu ostatniego roku sięgnęli do niego może raz oraz że wciąż korzystają z tego, który dostali na zajęcia praktyczno-techniczne w szkole. Czy jest coś w twoim zestawie do szycia, z czego nie skorzystasz, ale nadal tam jest? Może masz mnóstwo naparstków albo mydełko krawieckie czy kawałki czegoś, co uszyłaś dawno temu. Czas też zająć się guzikami, które miałaś już dawno przyszyć.

Narzędzia

Kategoria ta obejmuje nie tylko śrubokręty, młotki i piły, ale także gwoździe i śrubki oraz sześciokątny klucz francuski lub nakładki, które przyszły z zamówionymi meblami, i śruby, które nie do końca wiadomo, do czego służą. Sprawdź, których potrzebujesz i zatrzymaj tylko te niezbędne.

Narzędzia są z natury trwałe, nie trzeba więc stosować szczegółowych zasad przechowywania. Kiedy już zbierzesz je razem, umieść je w pustym miejscu. Ja swój zestaw ograniczyłam do minimum i trzymam w woreczku na półce.

Komono związane z hobby

Uprawianie niektórych hobby, na przykład układanie kwiatów, kaligrafia, czy taniec, wiąże się z uczęszczaniem na lekcje oraz koniecznością posiadania specjalnego sprzętu. Jeżeli masz tylko jedno zainteresowanie, to przeznacz jedno miejsce na związane z nim akcesoria. Jeżeli masz wiele zainteresowań, w dalszym ciągu możesz przeznaczyć jedno miejsce na drobiazgi związane z hobby. Jeżeli pozostał ci sprzęt związany z aktywnościami, którymi się już nie zajmujesz i które nie wywołują w tobie radości, to czas się z nim rozstać. Będziesz zaskoczona uczuciem ulgi, jakiego doświadczysz.

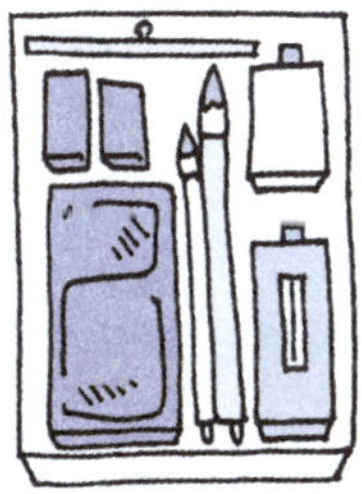

Kolekcje

Niektórzy kolekcjonują porcelanowe figurki, przedmioty związane z fanklubem, tematyczne, czy jakiekolwiek inne, które zbierają, gdyż po prostu nie mogą się im oprzeć. Czy kiedykolwiek pozostawiłaś takie przedmioty w opakowaniu i upchnęłaś je w tekturowym pudełku, jakby nie były źródłem radości?

Porządkowanie kolekcji jest czasochłonne, najważniejsze zatem, aby przeznaczyć na to wystarczająco dużo czasu. Przygotuj się, że może zająć to cały dzień. Zastosuj takie samo podejście, co zazwyczaj. Zbierz wszystko w jednym miejscu, weź każdą rzecz do ręki i sprawdź, czy wywołuje ona w tobie radość. Na początku może pomyślisz, że nie dasz rady tego wyrzucić, ale jeżeli tylko daną rzecz weźmiesz do ręki jeszcze raz, to może okazać się, że jesteś w stanie się z nią rozstać. Kiedy już zdecydujesz, co chcesz zatrzymać, podziel te rzeczy na swoje osobiste kategorie i odpowiednio je wyeksponuj, żeby były źródłem radości.

Rzeczy, które trzymasz „bo tak"

Do tej kategorii różności należą rzeczy, które zatrzymałaś, nie wiedząc właściwie dlaczego, na przykład metalowa bransoletka, która była dołączona do zegarka, a nigdy jej nie użyłaś, spinki do włosów, które walają się po pokoju, zapasowe guziki, stare pokrowce na telefon i przypadkowe breloczki. Prawdopodobnie wyrzucisz prawie wszystkie. Zachowaj tylko te, które trzymasz blisko rzeczy o podobnym charakterze. Na przykład spinki można dołączyć do akcesoriów do włosów, a guziki do przyborów do szycia. Kiedy rzeczy te będą miały dom i towarzyszy, odzyskają swój charakter i blask.

Bielizna stołowa i pościelowa

Jeżeli mieszkasz z rodziną albo masz dużo pościeli, potraktuj ją jako kategorię *komono*.

Przy teście na radość nie poprzestawaj na dotyku. Powąchaj. Długo nieużywana pościel nasiąka zapachami. Cokolwiek zrobisz, nie zostawiaj prześcieradeł i poszewek w opakowaniu, ponieważ w plastikowym worku nasiąkną wilgocią. Nie zliczę, na ile zatęchłych prześcieradeł natrafiłam w mojej karierze, a to dlatego, że nie wyjęto ich w porę z opakowania. Jeżeli masz takowe, to namawiam cię, żebyś wyjęła je i zaczęła używać.

Uporządkuj nie tylko kołdry i poduszki do spania, ale także poduszki leżące na meblach. Wyrzuć te, które nie dają ci radości, są zużyte i wytarte lub też nie korzystałaś z nich od ponad roku. Kiedy już sprawdzisz swoją pościel, sprawdź też zestaw dla gości. W tradycyjnych japońskich domach zestaw pościeli składa się z materacy *futon*, prześcieradeł i kołder, trzymanych w szafie. Zestaw dla gości nieczęsto wyjmowany jest z szafy, a Japonia jest wilgotnym krajem, więc moi klienci przekonują się aż nazbyt często, że zestaw pościeli zatęchł.

Ręczniki

Ręczniki zwykle są trzymane w łazience lub blisko niej, ale jeżeli nie ma tam miejsca, spróbuj trzymać je w swojej szafie. Nawet te ręczniki, które zamierzasz przeznaczyć na szmatki, powinny być złożone i trzymane pionowo, a nie wciśnięte do worka. Pozwoli ci to przekonać się, ile ich masz i nie przechowywać ich w nadmiarze.

Zabawki pluszowe

Ludzie bardzo często trzymają w domach pluszowe zabawki z powodów sentymentalnych. To ten rodzaj przedmiotu, którego bardzo trudno się pozbyć. Jako nastolatka przechodziłam okres obsesyjnego wyrzucania rzeczy. Zamieniałam się niemalże w maszynę do wyrzucania. Nie mogłam się natomiast pozbyć pewnego pluszaka o imieniu Koro-chan. Był to brązowy piesek chow-chow. Dostałam go w prezencie, gdy byłam mała i wtedy był dla mnie za duży. Zawsze chciałam mieć psa i traktowałam go jak zwierzę domowe. Karmiłam go z miski pełnej kulek, które nazywałam karmą dla psów. Kiedy byłam w szkole podstawowej, lubiłam na nim siadać i opowiadać mu, jak minął mi dzień. Z czasem bawiłam się nim coraz mniej i mniej, aż wreszcie został odstawiony do kąta koło telewizora, gdzie prawie nie zaglądałam.

Po około roku zaczęłam ciągle kichać, kiedy byłam w domu. W mojej pracy stale stykam się z kurzem, ale w ogóle mi to nie przeszkadza. W tamtym czasie miałam alergię na sierść zwierząt. Kiedy tylko miałam z nimi styczność, to nos zaczynał mnie natychmiast swędzieć. Jedyne zwierzęta, które mieliśmy w domu, to były gupiki. Zastanawiałam się, co może wywoływać mój katar.

Moja matka zasugerowała, że może to być Koro-chan.

Popatrzyłam na pluszowego psa i zauważyłam, że jest bardzo zakurzony. Ciężar jego ciała powodował, że przednie łapy rozjeżdżały się na podłodze, a głowa przechylała się w dół. Gromadził się na nim cały kurz. „Chyba musimy się go pozbyć. I tak masz dużo pluszaków”– powiedzieli rodzice, ale ja się nie zgodziłam. Czyściłam go odkurzaczem i wystawiałam na słońce, ale nic nie pomagało. Cały czas miałam katar i w końcu musiałam skapitulować. Włożyliśmy go z ojcem do plastikowego worka, podziękowaliśmy mu za wszystko i zanieśliśmy do śmietnika. Chwilę potem było po wszystkim, ale po raz pierwszy w życiu miałam tak duży opór przed wyrzuceniem czegoś.

Zawsze dziękuję rzeczom przed ich wyrzuceniem, ale szczególny szacunek okazuję tym, które wydają się mieć duszę. To taka mała ceremonia pożegnalna. Pluszaki i lalki są jak żywe, dlatego tak trudno je wyrzucić. To chyba przez ich oczy, które wydają się za nami wodzić. Nie zliczę, ile razy słyszałam, jak moje klientki mówiły: „Wszystkie maskotki włożyłam do plastikowego worka, ale patrzyły na mnie tak błagalnie, że musiałam je wyjąć”. Nic w tym dziwnego. Do tej pory pamiętam błagalny wzrok Koro-chana tkwiącego w plastikowym worku.

W oczach skupia się cała energia, to dlatego najlepiej czymś je zakryć. Pluszowe zwierzęta i lalki z zakrytymi oczami o wiele bardziej przypominają zwykłe przedmioty i łatwiej się z nimi rozstać. Najprostszym rozwiązaniem jest zakrycie im twarzy kawałkiem papieru czy materiału. Jedna z moich klientek miała pluszowego kota w koszulce, więc podciągnęłyśmy mu koszulkę do góry i zakryłyśmy mu pyszczek. Wyglądało to komicznie i klientka mogła się z nim rozstać w atmosferze śmiechu.

Jeżeli wciąż odczuwasz dyskomfort, możesz także wypróbować japoński rytuał oczyszczenia. Odpraw duchy przeszłości, rzucając na nie gruboziarnistą sól. Jeżeli trudno ci się z czymś rozstać, to pomocna w przezwyciężeniu uczucia oporu może być ceremonia pożegnalna. Tak się składa, że jest w Japonii świątynia, w której odprawia się ceremonie pożegnalne dla lalek. Zakrywa się im oczy materiałem i wiąże włosy. Wygląda więc na to, że moje sugestie są zgodne z tradycją.

Akcesoria rekreacyjne

To bardzo pojemna kategoria. Obejmuje przedmioty mające różny kształt i wielkość: od koszyków piknikowych, przez zestawy do badmintona, piłki, narty, deski snowboardowe i sprzęt do łowienia ryb. Zatrzymaj wszystko, co przynosi ci radość, nawet jeżeli nieczęsto korzystasz z takiego sprzętu, ale sam jego widok cię uszczęśliwia. Trzymanie akcesoriów w plastikowych workach sprawia, że wyglądają jak śmieci i rzadziej się ma chęć z nich korzystać. Jeżeli musisz trzymać je w torbie, to wybierz taką, która ci się naprawdę podoba.

Akcesoria sezonowe

Akcesoria sezonowe to na przykład sztuczne choinki albo ozdoby świąteczne. Zachowaj tylko te, które będziesz chciała wykorzystać w następnym sezonie. Powinny być pogrupowane tematycznie. Oznacz odpowiednią etykietką pudełko albo szufladę, w których będziesz je trzymać. Wyjmij od razu na wierzch te, które pasują do danej pory roku.

Sprzęt ratunkowy i asekuracyjny

Kampania sprzątania to świetny moment na przejrzenie wszelkiego sprzętu potrzebnego w nagłych sytuacjach i na wypadek klęski żywiołowej, takiego jak hełmy, sprzęt niezbędny podczas trzęsienia ziemi, latarki, radio, przenośne toalety i tak dalej.

Czy masz racje żywnościowe, które straciły termin przydatności, albo radio, które nie działa? Podczas sortowania rzeczy z tej kategorii, wielu ludzi znajduje sprzęt, którego nie mieli okazji użyć, na przykład kotwice, które mają zapobiec upadkowi w czasie trzęsienia ziemi. Jeżeli coś takiego znajdziesz, wykorzystaj to. Zestawy surwiwalowe zwykle trzyma się blisko wejścia, w szafie w przedpokoju. Upewnij się, że wszyscy członkowie rodziny wiedzą, gdzie taki zestaw leży.

Sprzęt przeciwdeszczowy

Po jednej parasolce dla każdego członka rodziny powinno wystarczyć. Uważaj na plastikowe parasolki, bo zwykle robi ich się za dużo. Wraz z upływem czasu plastik zaczyna się kleić i żółknąć, więc otwórz każdą parasolkę i upewnij się, że nadaje się do użytku. Jedna z moich klientek, która mieszkała sama, miała dwadzieścia dwie parasolki. Niestety, żadna nie nadawała się do użytku, musiała wszystkie wyrzucić. Po sprzątnięciu parasolek warto sprawdzić pozostałe elementy przeciwdeszczowe.

Komono kuchenne

H. mieszkała w trzypokojowym mieszkaniu z mężem i dwiema córkami. „Moja kuchnia jest w takim stanie, że trudno się z niej korzysta" – powiedziała do mnie. Zaprowadziła mnie do mikroskopijnej kuchni, która była po sufit zagracona… Gdyby można ją było opisać jednym słowem, to najbardziej odpowiednie byłoby „chaos".

Naczynia po śniadaniu piętrzyły się w zlewie. Butelka z płynem do mycia naczyń i nasiąknięta wilgocią gąbka leżały w drucianym koszyczku przymocowanym przyssawką do ściany obok kranu. Po prawej stronie duża suszarka zajmowała prawie połowę miejsca na blacie. Leżało na niej tyle naczyń, że można by pomyśleć, że u H. właśnie skończyła się impreza. „Moja suszarka to teraz szafka na naczynia" – zaśmiała się. Zlew był prawie biały od zacieków wodnych.

Spojrzałam na kuchenkę. Patelnia stała na jednym z palników chyba dlatego, że nigdzie nie było dla niej miejsca. Druciany stojak zapchany był słoiczkami z przyprawami. W rządku stały buteleczki z sosem sojowym, winem do gotowania i innymi składnikami. Stojąca za kuchenką aluminiowa pokrywa, na którą trafiały odpryski oleju, kleiła się i wydawała się krzyczeć „stop".

„Widać, że dużo się tu dzieje – powiedziała H. – Naprawdę chcę ją wysprzątać". Powiedziała mi, że udawało się jej tu tylko gotować posiłki. Odkładanie rzeczy było nużącym zajęciem, a samo stanie przy kuchni doprowadzało ją do płaczu.

Nie uważam, że kuchnie muszą być cały czas idealnie czyste. Nie mam nic przeciwko kuchniom, w których widać, że dużo się dzieje. **Potrzebna jest jednak kuchnia, w której przyjemnie się gotuje.** Na przykład w dobrych sklepikach ramen kuchnie wyglądają katastrofalnie, ale jedzenie świetnie smakuje, a szef z dumą przygotowuje smakowity makaron.

W jakiego rodzaju kuchni przyjemnie się gotuje? Moje klientki zwykle odpowiadają na to: „W kuchni, która zawsze jest czysta", „W takiej, w której wszystko, czego potrzebuję, jest pod ręką", „W miejscu, w którym mogę nosić mój ulubiony fartuch i korzystać z ulubionych garnków". To ostatnie można osiągnąć, kupując rzeczy, które ci się spodobają, więc zostawmy to na chwilę, a pierwsze odnosi się do czyszczenia, a nie sprzątania. Jedyna wypowiedź, która jest propozycją rozwiązania, to ta druga – łatwy dostęp do wszystkiego. Tyle że tutaj mamy do czynienia z dużym nieporozumieniem.

Kiedyś miałam obsesję na punkcie znalezienia najlepszego sposobu przechowywania rzeczy w kuchni i łatwego dostępu do sprzętu kuchennego. Czytałam każdy możliwy magazyn, w którym prezentowano rozkład kuchni, na ścianach przyczepiałam haczyki i wieszałam na nich garnki i patelnie. Mierzyłam odległość między moją ręką a miejscem na przyprawy. W rezultacie zaczęłam wszystko trzymać na blacie, zamiast w szafkach. Łatwiej było wprawdzie sięgnąć po składniki do gotowania i sprzęt, ale olej i woda były wszędzie, pozostawiając tłustą warstwę w całej kuchni. Ulatniała się cała radość, jaką odczuwałam w czasie gotowania.

O tym, gdzie i co trzymać w kuchni, powinna decydować łatwość sprzątania

Zaczęłam pytać ludzi, skąd bierze się przekonanie, że idealna kuchnia to taka, gdzie wszystko co się w niej znajduje, jest pod ręką. Prawie każdy, z kim rozmawiałam, wyobrażał sobie kuchnię w restauracji albo kawiarni. Uzyskałam pozwolenie na obserwację restauracyjnej kuchni pomiędzy obiadem a kolacją. Ubrana w fartuch i czepek, wyposażona w aparat i ulubiony zeszyt, wkroczyłam do kuchni z nadzieją na odkrycie zawodowych sekretów kucharzy. Spotkało mnie rozczarowanie. Poza tym, że wszystko w tej lśniącej kuchni było uszeregowane według kategorii, takich jak naczynia, garnki, patelnie i sztućce, nie zastosowano tam żadnych specjalnych sztuczek na rozplanowanie przestrzeni.

Rozmyślając nad tym problemem, zdałam sobie sprawę, że rodzaj podawanych potraw (np. kuchni japońskiej czy włoskiej) determinował przyprawy i sprzęt kuchenny, a więc ilość przechowywanych w danej kuchni sprzętów nie wzrastała. Co więcej, kuchnie restauracyjne zostały zaprojektowane zupełnie w innym celu niż te w zwykłych domach. Ich zabudowę charakteryzuje mnogość otwartych półek zainstalowanych pod sufitem i na ścianach.

Przyszło mi do głowy, że wizyta w restauracji była stratą czasu, kiedy do kuchni weszli kucharze, żeby przygotować się na wieczorną zmianę. Usunęłam się na bok i obserwowałam ich w ciszy. Nagle zauważyłam coś niezmiernie istotnego. Kucharze poruszali się szybko i sprawnie przez cały czas, ale ich tempo i skuteczność najłatwiej było zauważyć, nie kiedy gotowali, a kiedy przystawali, żeby wytrzeć zlew albo blat. Przecierali te miejsca za każdym razem, kiedy z nich korzystali, a kiedy skończyli używać patelnię, to ścierali olej pędzelkiem z długą rączką. Na koniec zmiany wycierali każdą powierzchnię, i to nie tylko górę kuchenki czy blaty, ale także ściany. Kiedy zapytałam głównego kucharza o sekret sprzątania kuchni, odpowiedział: „Sprzątanie kuchni oznacza wytarcie wody i oleju".

Potem podobne obserwacje poczyniłam w kilku innych restauracjach. Tam było tak samo. **Kucharze skupiali się nie**

na wygodzie użycia sprzętu, a na łatwości czyszczenia. Kiedy zdałam sobie z tego sprawę, przestałam przechowywać rzeczy tak, żeby łatwo było po nie sięgać, a zamiast tego wkładałam wszystko, nawet płyn do mycia naczyń i przyprawy do szafek. Być może niepokoisz się, że szafki będą tak pełne, że nie dasz rady sięgnąć po wszystko, czego potrzebujesz, ale nie martw się. To prawda, że po wysprzątaniu kuchnie są pełne po brzegi, a na blatach nic nie stoi. Żeby wyjąć patelnię, trzeba wyciągnąć ją spod góry innych garnków, ale kiedy pytam klientów, czy im to przeszkadza, zawsze odpowiadają, że nie, a wręcz że ani razu nie odczuli tego jako uciążliwości. Często uśmiechają się i dodają: „Nie mogę uwierzyć, że teraz wycieram górę kuchenki za każdym razem, kiedy z niej korzystam. Nie tylko kuchnię łatwo jest wyczyścić, ale też robię to z ochotą".

Kiedy twoją kuchnię łatwo jest wysprzątać i aż błyszczy czystością, to wyjmowanie rzeczy z szafek w ogóle nie sprawia problemu. Jeżeli marzysz o kuchni, w której przyjemnie się gotuje, to tak ją urządź, żeby łatwo się ją sprzątało. Najlepszy sposób to upewnić się, że nic nie leży na blatach i wokół zlewu ani na kuchence. Będziesz zadziwiona, jak łatwo korzysta się z kuchni, jeżeli rozplanujesz jej wyposażenie z takim nastawieniem. Jeżeli oczywiście posiadasz wyjątkowo duży blat, możesz trzymać rzeczy w miejscu, które nie jest narażone na kontakt z olejem ani wodą.

Być może myślisz, że tylko osobie, która mieszka sama, udaje się utrzymać pusty blat, ale połowa moich klientów i klientek ma dzieci. Na początku naszej wspólnej pracy wszyscy są przekonani, że nigdy nie będą w stanie utrzymać niezagraconego blatu, a wszystkim się udaje to zrobić. Zapewniam, że jeżeli zechcesz, to tobie także się to uda.

Mój mąż dużo gotuje, a kiedy skończy, kuchnia jest tak czysta, że zastanawiam się, czy w ogóle z niej korzystał. I to nie dlatego, że gotuje proste potrawy. W porównaniu do moich prostych jednogarnkowych potraw, jego posiłki są złożone. Serwuje na przykład skomplikowane danie ze smażonego tofu marynowanego w syropie ryżowym i sake oraz banany smażone na oleju kokosowym z sosem balsamicznym. Kiedy zapytałam go, jak on to robi, powiedział, że ma trzy sekrety. Wyjmuje cały sprzęt i wszystkie składniki przed gotowaniem. Odkłada każdy składnik albo przyrząd, gdy tylko skończy z niego korzystać. To świetnie działa, jeżeli odkładasz wszystkie rzeczy z tej samej kategorii jednocześnie, tak jak to się dzieje w trakcie sprzątania. W końcu, po tym jak skończy używać olej, natychmiast przeciera wszystko gorącą wodą. Spróbuj jego metody i zobacz, czy sprawdzi się ona u ciebie.

Być może wydaje się to nielogiczne, ale uczę klientki trzymać płyn do naczyń i gąbki z dala od zlewu. Zamiast tego robimy na nie miejsce w szafce pod zlewem albo na drzwiczkach szafki. Może wydaje się, że to dodatkowa praca. Ale jestem pewna, że jeżeli tylko spróbujesz, to nigdy nie będziesz już chciała trzymać takich rzeczy na blacie.

Rzadko natykam się na śmieci, które przynosiłyby komuś radość, tak więc niech i one pozostaną pod zlewem. Pozostaje jeszcze kosz na odpadki organiczne. Od kiedy wyprowadziłam się z rodzinnego domu, nigdy nie trzymam resztek organicznych w koszu. Moja kuchnia nigdy nimi nie cuchnie. Co robię z resztkami? Trzymam je w zamrażarce. Przeznaczyłam fragment zamrażarki na resztki i obierki. Odsączam je z wody, a następnie wrzucam obierki, kostki i inne resztki do worka. Dwa razu w tygodniu opróżniam worek.

Zaczęłam tak robić, kiedy przypomniałam sobie, że moja mama trzymała wnętrzności obranej ryby w zamrażarce, żeby w kuchni nie śmierdziało. Niektórzy mogą wzdragać się przed wkładaniem resztek jedzenia do zamrażarki razem z mrożoną żywnością, ale ja zamrażam je, zanim zgniją, więc tak naprawdę to wciąż jeszcze żywność, a nie śmieci. Jeżeli nie chcesz wkładać ich do biodegradowalnego plastikowego worka, to żeby od innych produktów oddzielić resztki, możesz użyć torby papierowej albo plastikowego pojemnika.

Zaczynając sprzątanie domu od kuchni, skazujesz się na porażkę

„Zapomnij o reszcie. Po prostu powiedz mi, gdzie mam trzymać rzeczy w mojej kuchni".

Czy kiedykolwiek tak pomyślałaś? Na pewno niektóre z czytelniczek mówią sobie: „To o mnie!". Jednak ludzie, którzy chcą zaczynać sprzątanie od kuchni, to prawie zawsze ci, którym nie udało się posprzątać nawet ubrań.

Jeżeli będąc w trakcie porządkowania ubrań, zaczniesz zmniejszać ilość rzeczy w kuchni albo przeorganizowywać w niej szuflady, za każdym razem, kiedy z nich korzystasz, to nie będzie problemu. Jednak osoby, które przechodzą pełen maraton sprzątania, a biorą się za rozmieszczanie rzeczy w kuchni, zanim jeszcze ukończyły ich selekcję mającą na celu pozostawienie tylko tych, które kochają, prawie zawsze się w jakimś momencie poddają.

Są dwa powody, dla których powinnaś sprzątać według zalecanej kolejności. Po pierwsze, zdolność określania tego, co przynosi nam radość. Jeżeli nie udoskonalimy tej umiejętności przed zajęciem się przedmiotami kuchennymi, to skończy się to katastrofą. W kuchni jest wiele podkategorii rzeczy i skuteczne uprzątnięcie ich zajmuje czas. Bardzo łatwo jest popaść w dezorientację, a kiedy tak się dzieje, to możemy spędzać w kuchni długie godziny i do niczego nie dojść. O drugiej w nocy mamy przed oczami niekończącą się górę naczyń, przypraw, garnków i patelni.

Żeby dotrzeć do mety maratonu sprzątania, musisz najpierw rozwinąć w sobie głębokie poczucie tego, co daje ci radość, poprzez sprzątanie ubrań, książek i papierów, i to zanim jeszcze przejdziesz do selekcjonowania kuchennych sprzętów. Możesz zastanawiać się, jak łyżka wazowa albo łopatka do nakładania ryżu może przynosić komuś radość, ale jeżeli posprzątałaś rzeczy we właściwej kolejności i zaczynasz żyć życiem, w którym masz pozytywny osobisty stosunek do rzeczy, które ci zostały, będziesz w stanie bezbłędnie ocenić, co jest dla ciebie źródłem radości nawet wśród tych przedmiotów, które wydają się mieć jedynie funkcję użytkową.

Drugi powód, dla którego powinno się sprzątać we właściwej kolejności, to uniknięcie zakupu zbędnych akcesoriów do przechowywania rzeczy. Kuchnia, w której stosuje się dużo sprzętu w różnych rozmiarach, wymaga bardzo wiele powierzchni do przechowywania. A jednak żadna z klientek nie musiała dokupować dodatkowych szafek, bo kiedy doszły do sprzątania kuchni, miały już wystarczająco wolnych przegródek i szuflad, które zostały im z poprzednich etapów sprzątania.

Przezroczyste plastikowe pudełka na artykuły biurowe i metalowe stojaki do szafy świetnie mieszczą się pod zlewem, jak gdyby były stworzone do tego celu. Zrozumiesz to poczucie błogiego zadowolenia, jakie daje widok równomiernego rozmieszczenia rzeczy w domu dopiero wówczas, kiedy go doświadczysz. Szkoda by było nie doświadczyć tej przyjemności tylko dlatego, że nie byłaś w stanie powstrzymać się przed kolejnym zakupem. Oczywiście jeżeli dopiero się wprowadziłaś do nowego mieszkania albo jeżeli nie masz żadnych mebli czy szafek, to zakupy mogą okazać się potrzebne. Również kiedy dokończysz proces sprzątania

sprzęt do gotowania

przybory służące do jedzenia

żywność

i porządkowania, możesz zdecydować, że dokupisz rzeczy, które sprawią ci radość.

Jak więc posprzątać kuchnię? Po pierwsze, doprecyzujmy: nie będziesz sprzątać kuchni. Będziesz sprzątać *komono*, które są częścią kuchni. Sortuj, kierując się kategorią przedmiotu, a nie jego lokalizacją. Zbierz wszystko z tej samej kategorii w jednym miejscu i zatrzymaj tylko te rzeczy, które dają ci radość.

Trzy główne kategorie kuchennego *komono* to: przybory służące do jedzenia, sprzęt do gotowania i żywność. Jeżeli mieszkasz sama i możesz poczekać z rozmieszczeniem rzeczy w kuchni, aż je wszystkie posegregujesz, to tak zrób. Jeżeli mieszkasz z rodziną i masz dużo *komono* kuchennego albo porządną szafkę na naczynia, możesz zacząć od dokonania selekcji przyborów służących do jedzenia. Warto włożyć je do szafki na naczynia, a potem przejść do sprzętu do gotowania i żywności, które można ułożyć w pozostałych miejscach.

Podstawową zasadą, jakiej należy się trzymać, jest najpierw dokończenie procesu wyrzucania. Wyjmij wszystko, co wchodzi w skład trzech głównych kategorii i ustaw obok siebie, żebyś mogła dokończyć proces selekcji. Kiedy już dokonasz wyboru tego, co chcesz zatrzymać i opróżnisz szafki i półki, to rozmieść wszystkie rzeczy z jednej kategori razem.

Zastawa

W mojej rodzinie było pięć osób, a nasza szafka na naczynia była zawsze pełna. Nadmiar naczyń wypełniał szafki nad ladą i obok lodówki, jak i pół schowka w korytarzu. Kiedy byłam uczennicą, byłam zdeterminowana, żeby uporządkować naszą zastawę. Budziłam się więc o czwartej rano i wpadałam do kuchni w piżamie, zanim moja mama wstała i zaczęła gotować. Stawałam na blacie i zaglądałam do szafek, przekładałam naczynia, układając je za każdym razem inaczej. Nie dawało to jednak wymiernych efektów. Dokupiłam nawet dodatkowe przegródki i pudełka, żebym mogła ustawić je pionowo, ale porobiło się tyle miejsca pomiędzy naczyniami, że nie mieściły się w szafce.

Zauważyłam przy tym, że ludzie rzadko wyjmują pojedyncze naczynia, jeżeli w danym domu mieszka więcej niż jedna osoba. O wiele praktyczniej jest wyjąć albo odłożyć całą stertę. W moim rodzinnym domu problem musiał polegać na tym, że posiadaliśmy za dużo zastawy. Przeanalizowałam zawartość szafek i dokonałam kilku zaskakujących odkryć. Po pierwsze, mieliśmy wystarczająco naczyń, żeby prowadzić stołówkę, a jednak codziennie korzystaliśmy z tych samych. Te, których używaliśmy, były zwykle nagrodą za dodatkowe punkty uzbierane w sklepach, a wszystkie drogie talerze i zestawy do herbaty oraz te, które otrzymaliśmy w prezencie, leżały pochowane w pudłach, jakby były drogocennymi skarbami.

Natychmiast zaczęłam nagabywać mamę: „Popatrz na to, mamo. Czy możemy wyjąć ten zestaw? Chcę z niego korzystać!", „Jeżeli nie będziemy z tego korzystać, to powinniśmy się tego pozbyć, prawda?". Zawsze zbywała mnie, mówiąc: „Mam to odłożone na specjalną okazję" albo „Trzymam to dla gości", chociaż nie mieliśmy gości od ponad roku.

Wreszcie poddałam się, nie rozwiązawszy problemu szafki na naczynia ani zapasów znajdujących się w schowku. Fenomen ten nie przestawał mnie jednak zadziwiać. Kiedy zaczęłam pracować w obecnym zawodzie, ku mojemu zaskoczeniu odkryłam, że moja rodzina nie była pod tym względem wyjątkowa oraz że podobne zjawisko ma miejsce w wielu domach na całym świecie.

W przypadku moich klientów kierowanie się źle pojętym sentymentem byłoby tylko działaniem na ich szkodę. Jako że pierwszym krokiem na drodze do porządku jest pozbycie się rzeczy, które nie przynoszą radości, proszę klientów, żeby pozbyli się naczyń, które trafiły do nich przypadkowo i wyjęli te, które trzymają na specjalne okazje. Niektórzy się wahają, obawiając się, że je potłuką, ale wkrótce odkrywają, jakie to miłe uczucie używać takiej zastawy na co dzień. Przekonują się także, że wcale tak często nie tłucze się naczyń. Poza tym ofiarodawca byłby o wiele szczęśliwszy, wiedząc, że będziesz używać zastawy, a nie trzymać ją w pudle.

Jeżeli nadal czujesz opór przed używaniem cennej zastawy na co dzień, to przynajmniej ją rozpakuj. Pewnych naczyń używa się w określonych porach roku, ale powinno się je rozpakować przynajmniej raz na rok. Zazwyczaj jednak leżą w pudłach i nikt ich nie używa. Na podstawie swojego doświadczenia mogę powiedzieć, że istnieje duże prawdopodobieństwo, że niektóre z zestawów, które trzymasz w pudłach, nie budzą twojej radości. Na dodatek naczynia w pudłach są przedzielone tekturowymi przegródkami i opakowane papierem, co sprawia, że marnuje się dużo miejsca. Moi klienci często przekonują się, że kiedy już rozpakują naczynia i ułożą je na półkach, to ich szafka wygląda schludnie i czysto, a i tak zostaje im miejsce.

Puste pudełka po zastawie można wykorzystać do przechowywania innych rzeczy. Na przykład pudła po kieliszkach świetnie się sprawdzają do pionowego przechowywania różnych przedmiotów, takich jak przyprawy, suszone jedzenie i makaron.

Prawdziwym marnotrawstwem jest nieużywanie pięknych zastaw. Podejmij więc ostateczną decyzję: albo używaj ich z dumą, albo się ich pozbądź.

Przyjrzyj się każdemu naczyniu, jakie posiadasz, i zobacz, czy wywołuje w tobie radość. Może się to wydawać żmudną pracą, zwłaszcza jeżeli posiadasz wiele naczyń, ale to świetna okazja do wysprzątania całej szafki. Podziel szafkę na część przeznaczoną na naczynia, z których pijesz, na

przykład kieliszki, na część przeznaczoną na naczynia, z których jesz, na przykład talerze. Naczynia o podobnym kształcie ułóż obok siebie.

Kiedy już dokonasz wyboru naczyń, które przemawiają do twojego serca, czas je rozlokować. Można położyć jedne na drugich albo zagęścić półki poprzez dodanie dodatkowych. W zwykłej szafce wystarczy umieścić jedne na drugich. Jeżeli półka jest wyższa i zostało miejsce, to można dodać półkę lub też inaczej powiększyć miejsce na półce. Stojak druciany na nóżkach lub z dwiema półeczkami świetnie się do tego nada. Zanim jednak wyskoczysz po zakupy, zachęcam do ułożenia najpierw naczyń jedne na drugich, a dopiero potem podjęcia decyzji, czy potrzebujesz dodatkowych elementów. Wielu moim klientom nie przeszkadza sięganie po naczynia znajdujące się na dole stosu, nie odczuwają więc potrzeby wstawiania dodatkowych półek czy stojaków.

Podsumowując, używaj na co dzień tych naczyń, które lubisz. Rozpakuj je i trzymaj w szafce. To pewny sposób na uprzyjemnienie rodzinnego posiłku.

Sztućce

Chociaż Japończycy często pytają mnie, jak przechowywać naczynia, nie zadają takich pytań o sztućce. Sztućce nie są królem *komono* kuchennego. Gorąco cię zachęcam do zarezerwowania najlepszego miejsca dla sztućców już na samym początku. Obok jedzenia i szczoteczki do zębów sztućce to przecież rzecz, którą wkładamy do ust. Traktując wszystko, co bezpośrednio styka się z ciałem ze szczególnym szacunkiem, sprawisz, że twoje codzienne życie będzie bardziej radosne.

Istnieją dwa sposoby przechowywania sztućców: umieszczone pionowo w owalnym pojemniku albo na płasko w pojemniku. Jeżeli w twojej kuchni nie ma szuflad, a najbardziej zależy ci na zachowaniu wolnej przestrzeni, to najlepszym rozwiązaniem będzie trzymanie sztućców pionowo. Najbardziej rozpowszechnioną metodą jest włożenie ich do wolnego kubka, który następnie można trzymać w szafce na naczynia.

Noże, widelce, łyżki i pałeczki najlepiej jest przechowywać w oddzielnych przegródkach w płaskiej szufladce albo w odpowiedniej wielkości pudełku. Jeżeli zamierzasz skorzystać z szufladki na sztućce, to polecam taką zrobioną z rattanu, bambusa albo innego naturalnego materiału. Nawiasem mówiąc, moim osobistym kryterium, na podstawie którego podejmuję decyzję o tym, które rzeczy wymagają królewskiego traktowania (poza portfelem), jest bliskość danej rzeczy do naszego ciała. Takie rzeczy jak widelce czy bielizna, które mają bezpośredni kontakt z delikatnymi częściami ciała, powinny być traktowane priorytetowo, kiedy tylko to możliwe.

Wiele moich klientek, które zaczęły traktować swoje sztućce po królewsku, chce także korzystać z podstawek pod sztućce i pałeczki. Wkrótce szukają też pięknych serwetek i podkładek pod szklanki. Już sama myśl o tym, że wnoszą w ten sposób radość do swoich posiłków, wywołuje moją ekscytację.

Komono, które rozjaśnią twój stół

Podczas pracy z jedną klientką z jej pudełka z akcesoriami wypadła obrączka do serwetki. Kiedy powiedziałam jej, do czego to służy, wybuchła śmiechem: „Zawsze się nad tym zastanawiałam! To było za duże na pierścionek i za małe na bransoletkę". Cóż to za nieszczęście dla zapomnianej obrączki.

Podkładki na stół, podkładki pod filiżanki do herbaty i szklanki oraz podstawki do pałeczek być może nie są niezbędne, ale mogą wzbogacić posiłek. Jeżeli już je masz, to ich nie marnuj. Używaj ich codziennie.

Zazwyczaj przechowuje się je blisko naczyń albo sztućców, ale dobre będzie dowolne miejsce w kuchni czy jadalni. Jeżeli masz eleganckie obrączki do serwetek czy też podstawki do noży lub pałeczek, to ułóż je w sposób estetyczny. Może warto rozmieścić je w szufladzie, aby tworzyły piękną wystawę? Za każdym razem, kiedy ją otworzysz, będą cieszyły twoje oczy.

Komono kuchenne wykonane z tkaniny obejmują dwie kategorie: przybory, na przykład ściereczki oraz akcesoria, np. podkładki na stół. Przybory z pierwszej kategorii powinny być złożone i trzymane pionowo. Akcesoria z drugiej kategorii mogą być złożone, zwinięte albo ułożone jedne na drugich, w zależności od rodzaju przedmiotu. Jeżeli ktoś ma malutką kuchnię, na przykład w kawalerce, to można je trzymać w szafie obok innych *komono* z materiału.

Przybory do gotowania

Chochle i łopatki mają za zadanie zanurzać się odważnie w gotującej się zupie lub w skwierczącym oleju, gdy tymczasem wokół bucha para lub żar – przedłużają rękę. Sztućce i naczynia występują parami, a przybory do gotowania pracują zazwyczaj w pojedynkę. Często w jednym domu jest jedna sztuka danego typu. Z tego powodu po wykonaniu sprawdzianu radości nie trzeba zbytnio przejmować się tym, gdzie będzie się je trzymać.

Przechowywane są pionowo albo na płasko. Kolejna możliwość to powiesić je na haczykach na ścianie, ale radzę uważać z wieszaniem nożyc kuchennych czy innych ostrych narzędzi, gdyż jeżeli wiszą na wprost ciebie, to będziesz się obawiać o swoje bezpieczeństwo, nawet jeżeli lęk będzie nieuświadomiony. Kieruję się też zasadą, żeby wieszać przybory kuchenne tylko wtedy, kiedy mam pewność, że nie będą pochlapane olejem. Pewnie dlatego żadna z moich klientek nie powiesiła ich jeszcze na ścianie w pobliżu kuchenki.

Przybory kuchenne, które stawiamy pionowo, powinny być trzymane w stojaku, dużym kubku albo innym pojemniku, który jest na tyle wysoki, że nie przewróci się, a jednocześnie zmieści się w szafce. Najczęściej jednak trzymane są w szufladach. W przeciwieństwie do sztućców, nie ma potrzeby dzielić ich na kategorie. Większość przyborów można trzymać bezpośrednio w szufladzie. Otwieracze do puszek, miarki i inne małe przedmioty lepiej jest jednak trzymać w osobnej przegródce, oddzielając je od większych narzędzi. Jeżeli masz zapasowe, których jeszcze nie rozpakowałaś, pozbądź się starszych sztuk i zacznij używać nowe.

Naczynia do gotowania

Wyjmij wszystkie naczynia do gotowania i rozłóż je na podłodze albo na stole. Należą do nich metalowe i ceramiczne

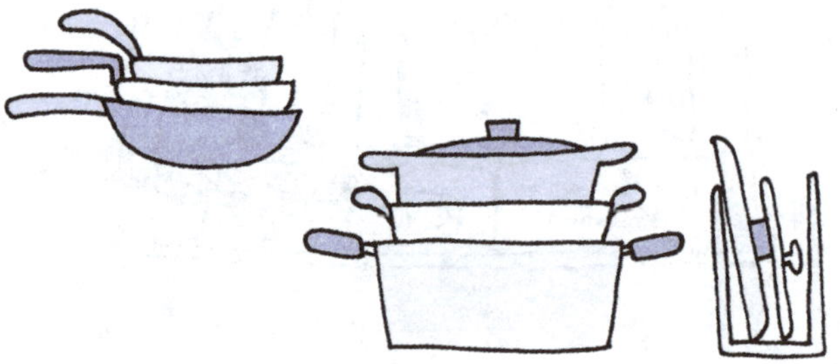

garnki, patelnie, miski oraz durszlaki. Tak jak zawsze weź każde z nich do ręki i sprawdź, czy budzi w tobie radość.

Przedmioty o podobnym kształcie powinny być włożone jedno w drugie, na przykład garnki w garnki, a miski w miski, żeby można było jak najlepiej wykorzystać wysokość półki. Jeżeli twoja szafka ma wbudowany stojak na patelnie, wykorzystaj go.

Urządzenia do gotowania

Zbierz urządzenia, takie jak tostery i opiekacze, gofrownice i blendery w jednym miejscu. Nie zapomnij zebrać urządzeń spoza kuchni! Czy masz w domu jakieś gadżety, które kupiłaś, gdy były w modzie, a które już ci się znudziły albo których nie używałaś od lat? W kuchniach moich klientek można znaleźć ogromne ilości różnego sprzętu. Są to na przykład patelnie do jajek sadzonych, frytkownice, sokowirówki, obieraczki do jabłek, maszyny do kruszenia lodu, dziadki do orzechów, a nawet specjalne urządzenie do podawania schłodzonego makaronu, który nabiera się wprost z rynienki wypełnionej wodą.

Ja codziennie używam miksera, żeby przygotować sobie rano zielone *smoothie*, ale nawet takie rzeczy powinny być trzymane na półce albo w szafce. Może się to wydawać trochę nużące, ale jeżeli tylko postanowisz, gdzie przedmiot ma swoje miejsce, to korzystanie z niego nie jest aż takie kłopotliwe. Spróbuj sama. Zwykle rzadko używany sprzęt jest trzymany z tyłu szafki albo na górnej półce, gdyż nie będzie to miało znaczenia, jeżeli jego przemieszczenie będzie wymagało nieco wysiłku.

Pojemniki do przechowywania żywności

Pojemniki do przechowywania żywności są dostępne w różnych kształtach i wymiarach oraz wykonane z różnych surowców, na przykład z plastiku, szkła, metalu. Mogą to być także puste słoiki po dżemie i puszki na herbatę. Sprawdź je pod względem radości, jaką ci dają, a także potrzebnej liczby. Policz je wszystkie, w tym te znajdujące się w lodówce, i pomyśl, ilu sztuk obiektywnie potrzebujesz. Jeżeli masz ich za dużo, to wyrzuć stare. Możesz natomiast zachować kilka kwadratowych pojemników i wykorzystać je później jako przegródki w szufladach kuchennych.

Przechowując pojemniki jedne w drugich, a pokrywki w osobnym pojemniku, zaoszczędzisz miejsce. Jeżeli natomiast

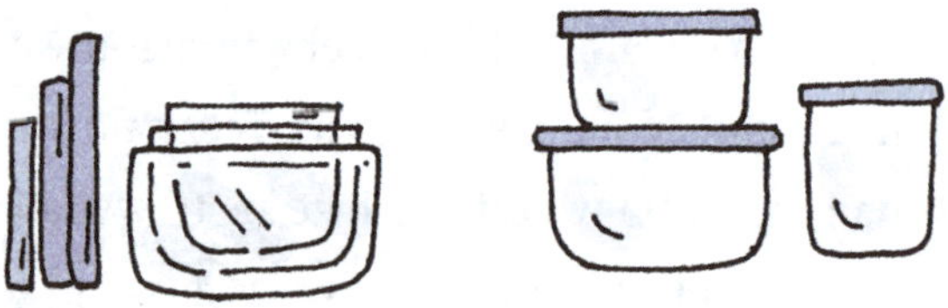

masz dodatkowe wolne miejsce i martwisz się, że pojemniki będą się kurzyć, możesz trzymać je razem z pokrywką.

Foremki do pieczenia

Kiedy byłam w szkole podstawowej, jeszcze zanim rozwinęłam w sobie pasję do sprzątania, uwielbiałam piec i często spędzałam wolny czas na pieczeniu słodkości. Nadal na widok foremek do ciast i foremek do wykrawania ciasteczek mam ochotę je kupić, chociaż już nie piekę. Mam tylko taki odruch, kiedy widzę je w sklepie. W domach klientek widzę raczej rozpaczliwe błaganie o pomoc przy porządkowaniu foremek, a nie radość. Jeżeli masz foremki, które kupiłaś, a których nie używasz i rdzewieją w szafce, pozbądź się ich.

Nie wiem dlaczego, ale najczęstszym sposobem przechowywania foremek do pieczenia jest umieszczenie ich w szczelnie zamkniętym plastikowym worku i położenie na półce. Tak oczywiście nie robimy. Kiedy znajdą się w torbie, od razu zapominamy o nich. Może dzieje się tak dlatego, że mamy tendencję do odwracania wzroku, kiedy coś ląduje jako mało atrakcyjna kupka na półce. Sięgamy po nie rzadziej, jeżeli foremki są w ten sposób przechowywane.

W przeciwieństwie do gotowania, pieczemy zazwyczaj wtedy, gdy mamy na to ochotę. Foremki to tak naprawdę nie sprzęt kuchenny, a sprzęt do uprawiania hobby. Powinny wzbudzać w nas radość, a zawijanie ich w plastik na pewno temu nie służy. Jeżeli nie używasz ich często, a chcesz je chronić przed kurzem, to włóż je do płóciennej torby albo innego estetycznego opakowania, ale na pewno nie do krzykliwej reklamówki z logo sklepu.

Jeżeli nie potrzebujesz trzymać większych form w torbie, to przechowuj je jak naczynia, bezpośrednio na półce. Możesz także przechowywać je w pudełku, które będzie przeznaczone tylko na rzeczy do pieczenia i wyeksponowane na półce. To okazja, żeby wykorzystać ładne pudełko spośród tych, które zatrzymałaś.

Artykuły jednorazowego użytku

Rzeczy z tej kategorii bywają używane rzadziej niż pozostałe *komono* kuchenne. Są to na przykład pałeczki jednorazowego użytku, słomki, talerzyki papierowe, kubeczki i serwetki. Zwykle stanowią jeden zestaw, można więc trzymać je pionowo w osobnym pudełku. Jedna z moich klientek powiedziała mi, że nie ma ochoty na zmywanie naczyń, więc przy okazji spotkań w większym gronie zawsze używa papierowych talerzyków i kubeczków.

„A czy to naprawdę sprawia ci radość?" – zapytałam ją wprost.

Jeżeli z jakiegoś powodu kusi cię, żeby od czasu do czasu używać papierowych naczyń, zachęcam, żebyś trzymała je z tyłu najwyższej półki, do której trudno się dostać. Albo pozbądź się ich wszystkich od razu! Cokolwiek postanowisz, pamiętaj, że celem sprzątania jest rozbudzanie radości w każdym dniu twojego życia.

Ponieważ takie rzeczy są często „darmowe", gromadzimy ich zbyt dużo, zanim zdamy sobie z tego sprawę. Patrząc na jednorazowe pałeczki albo łyżeczki, które dostałaś do porcji lodów, określ, ilu naprawdę potrzebujesz, i zdecyduj, że wyrzucisz resztę. Jeżeli nie są ci potrzebne, to powiedz to sprzedawcy w sklepie, kiedy ci je zaoferuje.

Torebki plastikowe

Reklamówki i papierowe torby z supermarketów to jedne z najczęstszych rzeczy, które ludzie gromadzą bez opamiętania. Próbowałam różnych sposobów ich przechowywania. W mojej rodzinie trzymało się je w plastikowym worku, który był przyczepiony klamerką do uchwytu szafki. Nie wyglądało to atrakcyjnie i nie wzbudzało radości. Za każdym razem, kiedy ktoś koło niej przechodził w naszej małej kuchni, wpadał na torbę, która wydawała denerwujący dźwięk. Większość moich klientek stosuje podobną metodę, tyle że niekiedy plastikową torbę zastępuje nylonowa. Wiele osób zawiązuje swoje plastikowe torebki w węzeł. To najgorsze rozwiązanie z możliwych. Odwiązywanie ich przed użyciem oznacza więcej pracy.

Istnieją specjalne pojemniki do przechowywanie plastikowych toreb. Zwykle mają rękaw na górze, na tyle szeroki, żeby można było do niego włożyć torby, i wystarczająco wąski na dole, żeby wyciągać je jak chusteczki z pudełka. Nie ma nic złego w tego typu pojemnikach, ale zajmują więcej miejsca, niż potrzeba, a często kiedy się wyciągnie jedną torbę, kolejna wypada za nią. Poza tym to wbrew naturze, żeby kupować coś specjalnie po to, żeby trzymać w tym torebki plastikowe.

Jedna z moich klientek stosowała metodę przechowywania plastikowych torebek w plastikowej torbie. Twierdziła, że jej pięcioosobowa rodzina potrzebuje wielu toreb, żeby w nich trzymać śmieci. Powiedziała mi, że zbiera worki od ponad trzydziestu lat. Kiedy badałam zawartość zewnętrznej torby, zauważyłam, że jej dół był pożółkły. Obawiając się tego, co tam znajdę, głęboko zanurzyłam rękę i wyciągnęłam torbę z samego dna. W powietrze wzbił się kłąb żółtego pyłu, który przypominał suszone płatki ryby. Zapach nie należał do przyjemnych. Doliczyłyśmy się 241 torebek. Nawet gdyby moja klientka zużywała cztery torebki dziennie, to wykorzystanie wszystkich zajęłoby jej ponad dwa miesiące.

Najczęstszy problem z plastikowymi torebkami jest taki, że ma się ich za dużo i marnuje się miejsce. Przechowujemy ich zbyt dużo, gdyż nie mamy jasności co do tego, ile ich naprawdę mamy. Poupychane po kątach plastikowe torby to

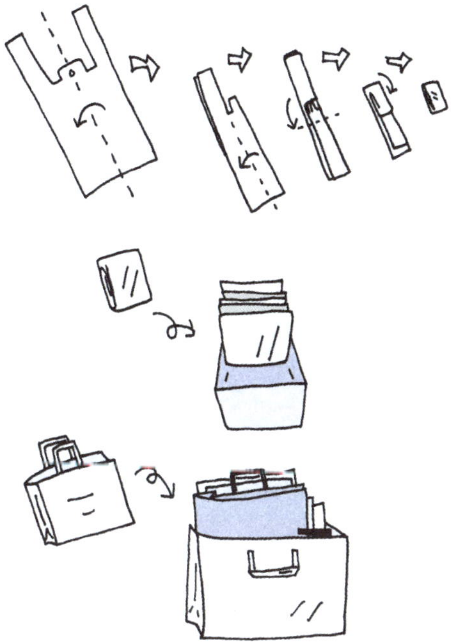

marnotrawstwo przestrzeni, gdyż mają tendencję do wypełniania się powietrzem. Jeżeli nie jesteś pewna, ile toreb to zbyt dużo, a ile zbyt mało, możesz spróbować policzyć, ile zużyłaś w ciągu ostatnich trzech miesięcy. Powinniśmy dokładnie liczyć te rzeczy, których zaczyna przybywać, zanim sobie zdamy z tego sprawę.

Pilnuj, żeby zmniejszyć ilość toreb i trzymaj je w trwałym opakowaniu. Plastikowe torebki należy spłaszczyć, złożyć oraz trzymać pionowo, jak ubrania, żeby nie przybyło ich zbyt dużo. Jeżeli nie masz ochoty składać plastikowych torebek, to trzymaj je w pudełku niewielkich rozmiarów, żeby nie powiększały swojej objętości. Pudełko powinno być naprawdę małe, wielkości połowy pudełka na chusteczki. Powinno się w nim zmieścić dwadzieścia torebek, podczas gdy w pudełku po butach mieści się ich dwieście, a to z pewnością za dużo. Torby papierowe można trzymać w torbie papierowej albo w kartonowym pudle. Ja polecam to drugie rozwiązanie.

Małe *komono* kuchenne

Czas uprzątnąć te wszystkie małe *komono* kuchenne, którymi się jeszcze nie zajęłaś, takie jak łyżki do cukru i łyżeczki, wykałaczki, szpikulce, otwieracze do puszek i korkociągi. Pozbądź się drobiazgów, których masz dwie sztuki lub więcej, a także tych, których używasz rzadziej, bo masz wielofunkcyjne urządzenie, które spełnia zadania za wszystkie. Oczywiście zachowaj to, co sprawia ci mimo wszystko radość, na przykład pięknie zaprojektowany otwieracz do butelek.

Posegreguj pozostawione przedmioty i przechowuj je w szufladzie. Poszukaj pustych pudełek albo pojemników, które mogą służyć za przegródki.

Opakowania jednorazowe

Opakowania takie jak folia plastikowa, aluminiowa, papier do pieczenia i ręczniki papierowe, mogą być przechowywane w szafce albo spiżarni, w położeniu pionowym pod zlewem, w koszyczku przyczepionym do drzwi szafki albo na ścianie. Jeżeli masz całe opakowania wypełnione na przykład torebkami strunowymi, to wyjmij je z opakowań i umieść w jednym pojemniku. Najlepiej, żeby opakowania jednorazowego użytku były poza zasięgiem wzroku, gdyż nie podnoszą estetyki miejsca, w którym są przechowywane. Jeśli nie wszystkie mieszczą się w kuchni, to utwórz kategorię „zapasowe *komono*" i trzymaj je gdzie indziej, na przykład w szafie albo w schowku.

Jeżeli folie do wykładania półek, filtry do wiatraków kuchennych i osłonki chroniące ściany przed zachlapaniem tłuszczem nie wzbudzają twojej radości, to rozwiązaniem może być pozbycie się ich. To także świetny moment, żeby przyjrzeć się tym wszystkim udogodnieniom, które wcale nie są takie praktyczne.

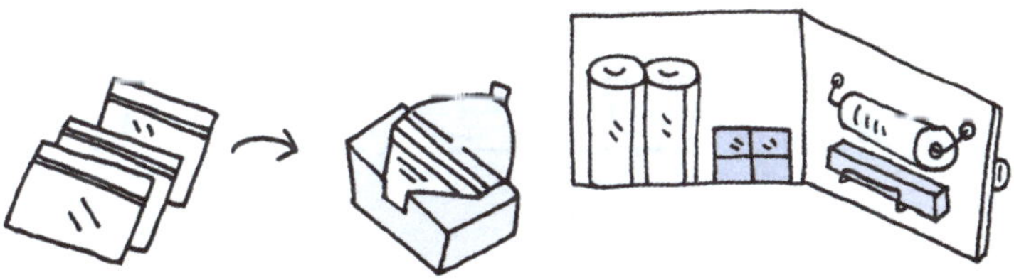

Środki czystości

Kuchenne środki czystości, takie jak detergenty, gąbki i płyny zwykle trzymane są w koszyczku na szafce albo pod zlewem lub po wewnętrznej stronie drzwi szafki. Na pewno nie powinno się trzymać niczego koło zlewu, nawet płynu do mycia naczyń ani gąbki.

Kiedy mówię to moim klientkom, są w szoku. „Czy to znaczy, że mam chować gąbkę do szafy, nawet jeżeli jest mokra?" – pytają. Odpowiedź brzmi: Nie. Wysusz ją przed odłożeniem na miejsce. W tym celu odsącz ją całkowicie z wody. Jeżeli wyciśniesz ją, to zobaczysz, jak szybko wyschnie. Trzymaj ją z dala od kranu, aby nie chlapać jej wodą, albo powieś i odłóż, kiedy wyschnie. Jeżeli korzystasz z gąbki tak często, że nie ma jak wyschnąć, to nie trzymaj jej w szafce, ale odkładaj za każdym razem płyn. Ważne, żeby w okolicy zlewu albo na blacie nie było niczego, co może spowodować plamy po wodzie.

W kuchni nie trzeba szukać prostoty

Jeżeli doszłaś aż do tego miejsca, nie sądź, że musisz ograniczyć jeszcze bardziej ilość rzeczy, żeby osiągnąć stan radości. **Może zabrzmieć to jak sprzeczność, ale nie musisz dążyć do prostoty w kuchni.**

Kiedy przechodzę koło działu z artykułami kuchennymi w sklepie, czuję dreszcz radości. Chociaż gotowanie nie jest moją mocną stroną, to spędzam wiele czasu przed rzędami produktów kuchennych. Jest tyle rodzajów i modeli garnków oraz patelni, nie mówiąc o ciekawych gadżetach typu krajalnica do awokado, czy też rękawiczki, dzięki którym można łatwo obrać niektóre warzywa!

Po wysłuchaniu zachwytów klientki nad jakimś praktycznym gadżetem i po zobaczeniu sposobu użycia go na jakimś kanale zakupowym, samej zdarzyło mi się takowy kupić. Z drugiej strony zauważyłam, że najbardziej modne urządzenia po jakimś czasie znikają z domów klientek. Kiedy pytam, dlaczego tak się dzieje, odpowiadają, że trudno było go używać, niszczył się albo im się znudził. Gadżety kuchenne są jak zabawki dla dzieci. Na początku czerpiemy z nich dużą przyjemność, ale niechybnie przychodzi dzień, kiedy już przestają nam dawać radość. Kiedy jakaś rzecz spełni swoją rolę, czas jej podziękować i się z nią rozstać.

Kuchnia jest tym miejscem w domu, w którym nawet po zrobieniu pełnego przeglądu i wyrzuceniu rzeczy, które już spełniły swoje zadanie, wydaje się, że wciąż jest tłoczno. To często dziwi moje klientki. „Prawie skończyłam sprzątać kuchnię, a tam wciąż jest tyle rzeczy”- mówią. Być może wyobrażają sobie kuchnie takie jak te, które widziały w domach towarowych lub magazynach wnętrzarskich, gdzie na zdjęciach sprzęt jest ślicznie ułożony w pojemnych szafkach. Kiedy jednak weźmiesz pod uwagę ilość rzeczy potrzebnych w kuchni w stosunku do dostępnej przestrzeni, to zdasz sobie sprawę, że niełatwo jest osiągnąć taki efekt.

Chciałabym zaznaczyć, że jeśli chodzi o kuchnię, to nie ma potrzeby dążyć do skrajnej prostoty. **Ważna jest umiejętność określenia, gdzie wszystko będzie przechowywane.** Jeżeli uda ci się to osiągnąć, to nawet jeżeli szafki i półki wydają się dość pełne, to wciąż możesz być dumna ze swojej kuchni. Mam nadzieję, że będziesz dążyła do zorganizowania kuchni, w której gotowanie jest przyjemnością i która dostarczy ci wiele radości.

Żywność

Podczas porządkowania artykułów spożywczych zalecam pozostawienie tych w lodówce na sam koniec. Zacznij od sprawdzenia daty przydatności żywności. Wiele z moich klientek odkrywa ku swojemu zaskoczeniu, że żywność w proszku jest zdatna do spożycia zaskakująco krótko. Podstawowa zasada to wyrzucenie wszystkiego, czego termin spożycia już minął, ale jeżeli masz w tym względzie jakieś własne zasady, na przykład „dwa miesiące dłużej dla jedzenia w puszkach", to oczywiście kieruj się nimi. W razie wątpliwości zadaj sobie pytanie, czy z radością wykorzystałabyś dany produkt do ugotowania potrawy.

Czy masz jakieś suplementy diety, które kupiłaś pod wpływem impulsu, ale nigdy ich nie wykorzystałaś do końca albo zamówiłaś z przyzwyczajenia? To okazja do tego, żeby zastanowić się, czy twoje ciało naprawdę ich potrzebuje i jaki mają na ciebie wpływ.

Jeżeli kupiłaś albo otrzymałaś duże ilości jakiegoś produktu, którego nie będziesz w stanie skonsumować sama, zapytaj przyjaciół, czy nie przydałby im się, albo przekaż go do banku żywności.

SPRZĄTANIE SPIŻARNI

Jeżeli odkryjesz duże zapasy produktów, których termin przydatności upłynie wkrótce, zużyj je natychmiast. Przeprowadź „kampanię oczyszczania zapasów na granicy spożycia". Możesz tu poeksperymentować z nowymi przepisami.

Jedna z moich klientek, która odkryła duży stos jedzenia, którego termin spożycia minął, zaskoczyła mnie, mówiąc: „Doskonale! Mój chłopak przyjdzie jutro. Podam mu je na obiad". Oczywiście nie chciała być złośliwa. Zapewniła mnie z przekonaniem, że to jedzenie jest całkowicie jadalne, a kiedy zapytałam ją później, czy wszystko było w porządku, potwierdziła, że tak. Oczywiście zalecam, żeby kierować się zdrowym rozsądkiem, w tym zmysłem powonienia i być przygotowanym na poniesienie konsekwencji.

NAPOJE

Można je podzielić na dwie grupy: takie, które można wypić (w butelkach albo puszkach czy kartonach) oraz w proszku i w saszetkach (herbata, napoje do rozpuszczania itd). Po pierwsze, radzę sprawdzić datę przydatności do spożycia. Napoje z pierwszej kategorii są wyjątkowo krótkotrwałe. Wyrzuć te, które są już przeterminowane. Niektóre z drugiej kategorii, na przykład herbata, mogą zostać wykorzystane jako składnik do kadzidełek albo do podwędzenia bekonu. Poszukaj sposobów na ich wykorzystanie, zamiast je wyrzucać.

PRZECHOWYWANIE ŻYWNOŚCI

Przechowuj żywność według kategorii. Wszystko, co może stać pionowo, tak właśnie powinno być przechowywane. Powinnaś móc określić zawartość szuflady albo półki w spiżarni jednym spojrzeniem. Podstawowe kategorie to: przyprawy, jedzenie suszone i w proszku, suche produkty zbożowe (ryż, makaron itd.), żywność w puszkach, dania gotowe w woreczkach, słodycze, chleby i suplementy. Jeżeli wygląd ma dla ciebie znaczenie, radość może sprawić ci umieszczenie artykułów w proszku w estetycznych pojemnikach.

Zalecam trzymanie artykułów żywnościowych w większych opakowaniach. Jeżeli na przykład nie używasz małych torebek z przyprawami, spróbuj przełożyć je do słoików, tak żeby na każdy przypadała jedna przyprawa. Wystarczy kilka pomysłów, aby stworzyć bardzo efektywny system składowania żywności.

ŁATWO PSUJĄCE SIĘ ARTYKUŁY ŻYWNOŚCIOWE

Przejrzyj zawartość lodówki i wyrzuć wszystko, co jest przeterminowane. Przy oczyszczaniu lodówki także wyjmujemy każdą rzecz w celu jej sprawdzenia. Jeżeli masz jakieś saszetki z sosami czy przyprawami, których nie używasz, to je wyrzuć. Te, które zachowasz, najlepiej jest włożyć do małego pojemnika.

Przechowując rzeczy w lodówce, dąż do zapełnienia jej w siedemdziesięciu procentach. Pozostała wolna przestrzeń przyda się do schowania resztek z minionego dnia. Przechowuj jedzenie według kategorii, żeby było łatwo zorientować się, co gdzie jest.

Przydatne sztuczki przy planowaniu rozmieszczenia rzeczy w kuchni

Kiedy planuję rozmieszczenie rzeczy w kuchni, zawsze myślę o tym pomieszczeniu jako o całości. W skład jej umeblowania zwykle wchodzą szafki nad i pod zlewem oraz blatem, szuflady i wolno stojące szafki czy kredens. Kredens kuchenny ma zazwyczaj specjalnie zaprojektowane półki i szuflady do przechowywania naczyń, zaś przestrzeń pod zlewem i blatem często jest przestronna i niezabudowana. Jak już mówiliśmy wcześniej, najlepiej zacząć od zapełnienia dużych przestrzeni będących częścią pierwotnej zabudowy.

Jak długo rozmieszczasz rzeczy w kuchni według ich kategorii, możesz je przechowywać, gdzie chcesz, ale oto kilka moich refleksji dla tych osób, które potrzebują bardziej precyzyjnych wskazówek. Kiedy przychodzę do domu klienta, po opróżnieniu szafek i półek zaglądam do środka każdej z nich, sprawdzam jakość powietrza oraz oceniam możliwości ich wykorzystania. Szafki pod zlewem mają wilgotne powietrze, a w szafkach przy piecu jest ono suche i przepełnione zapachem oleju i ognia. Z tego powodu pod zlewem lepiej nie trzymać rzeczy, które są podatne na działanie wilgoci. Byłam ciekawa, czy *feng shui* potwierdzi moje przypuszczenia. Według tej filozofii żywiołem przestrzeni pod zlewem kuchennym jest woda, a przestrzeni przy kuchence ogień.

Szafki najlepiej tak zagospodarować, żeby w pełni wykorzystać ich wysokość. W niektórych domach szafki wyposażone są w stojaki, ale jeśli twoje nie, to wykorzystaj elementy, które zachowałaś w czasie sprzątania. Jeżeli lubisz różne udogodnienia, to możesz kupić nowe elementy. Jeżeli masz dużo rzeczy, może łatwiej ci będzie podzielić je na „często używane" i „rzadko używane", zamiast próbować określić częstość użycia według jakiegoś skomplikowanego systemu. Rzadziej używane rzeczy zazwyczaj umieszcza się na górnych półkach w szafce nad blatem.

Możesz także ustalić swoje własne kategorie, takie jak „sprzęt do pieczenia chleba" albo „składniki do dekorowania ciast". Zaczynaj zawsze od rozmieszczenia większych rzeczy. Jeżeli korzystasz z kredensu, to najpierw umieść w nim duże naczynia, a potem przybory do gotowania, przyprawy i tak dalej.

Kiedy podejmujesz decyzje co do rozkładu szuflad kuchennych, pomocne jest kierowanie się zasadą zmniejszania objętości. Weźmy na przykład gumki recepturki. Wielu ludzi zostawia je w opakowaniu, w którym zostały kupione i wkłada je do szuflady, ale jest to marnowanie wolnego miejsca. W miarę jak gumki są zużywane, pudełko opróżnia się, a wciąż zabiera tyle samo miejsca w szufladzie. Zaoszczędzisz miejsce, przekładając gumki do małego słoiczka lub innego pojemnika. Szuflada będzie też ładniej wyglądać w środku. Kiedy zmniejszy się

ラッ
ストック
ゴミ袋など
洗剤

powierzchnia zajmowana przez rzeczy, będziesz mogła przenieść przedmioty leżące luzem na blacie i schować je do szafek i szuflad. W pewnym momencie nawet czajnik czy parowar oraz kosze znajdą się za drzwiami szafek, a kuchnia będzie wolna od natłoku rzeczy! Może wydaje ci się to niemożliwe, ale zachęcam, żebyś postawiła sobie to za cel.

Sprzątanie to szczególne wydarzenie. Jeżeli tylko się postarasz i poeksperymentujesz z różnymi pomysłami, czerpiąc z tego jednocześnie przyjemność, okaże się, że proces rozmieszczania rzeczy w kuchni przebiega sprawnie. Potraktuj to jako grę. Każdy pomysł, jaki wypróbujesz, natychmiast przyniesie efekty, które pokażą ci, co zmienić. Rozmieszczanie rzeczy to najbardziej rozrywkowa część festiwalu sprzątania.

Piękny wystrój kuchni

Kiedy już skończysz sprzątanie kuchni, czas ją upiększyć. Możesz przyozdobić ściany obrazkami, wyłożyć ślicznym materiałem kredens czy też umieścić talerze z pięknym wzorem na ścianie. Przemyślany wystrój kuchni wniesie w twoje otoczenie wiele radości. Jedna z moich klientek powiesiła w kuchni tablicę korkową z kartkami od dzieci i sezonowymi dekoracjami. To uprzyjemnia jej czas podczas gotowania.

Zachęcam, żeby stopniowo wymienić wyposażenie w kuchni na takie, które sprawia ci radość. Ja na przykład zamieniłam plastikową łopatkę, której używałam na drewnianą i to otworzyło mi oczy na to, jak inaczej korzysta się z kuchni, która jest źródłem radości. Jeżeli masz choć jeden element w kuchni, który sama starannie wybrałaś, to uczyni on czas spędzony na gotowaniu o wiele radośniejszym.

Posiłki pełne radości

Kolejnym ważnym krokiem do idealnej kuchni będzie przeżycie czasu posiłków jako czasu radości. Czy planujesz jadłospis i nakrycie do stołu w taki sposób, żeby odzwierciedlało zmieniające się pory roku? Możesz bardzo łatwo zaznaczyć każdą z nich, korzystając z drobiazgów, takich jak podkładki na stół czy podstawki pod sztućce. Zwracam na nie szczególną uwagę. Mam wiele takich zestawów, niektóre sama skomponowałam. Nie tylko dopasowuję je do potraw czy do pory roku, ale także używam ich, żeby dodać mały akcent kolorystyczny czy dekoracyjny, który upiększy stół. Na stole możesz także postawić świeczki.

Ostatnio w Japonii upowszechniło się wykrawanie dekoracyjnych elementów z rzodkwi diakon... Wydaje się, że wielu ludzi bardzo twórczo podchodzi do wprowadzenia radosnych akcentów do swoich posiłków. Zachęcam cię do własnych eksperymentów i odkrywania, co wniesie radość do twoich posiłków.

Środki czystości

Zabierając się do porządkowania środków czystości, zastanów się, czego naprawdę potrzebujesz i jak to używasz do czyszczenia. Trzymaj te, które wybrałaś razem w schowku albo szafce. Ściereczki czy stare ręczniki, które chcesz wykorzystywać jako szmatki, powinny być złożone i przechowywane pionowo.

Czystość domu nie zależy od ilości zgromadzonych środków czyszczących. Mają one jedynie wartość, gdy są używane. Jeżeli w szafie masz takie, które nie były jeszcze otwarte, to wykorzystaj je, żeby starannie oczyścić jej wnętrze i powierzchnię półek w domu.

Środki do prania

Środki stosowane do prania powinny stać obok pralki. Lubię zdejmować z płynów krzykliwe etykiety i zawiązywać wokół butelek wstążkę, żeby wyglądały radośniej.

Komono łazienkowe

Chociaż trudno mi się do tego przyznać, kiedy jeszcze mieszkałam w domu rodziców, nigdy nie udało mi się posprzątać miejsca pod umywalką. Nie mogłam zrozumieć, dlaczego znajduje się tam za dużo rzeczy – dodatkowe szczoteczki do zębów, próbki kosmetyków do makijażu i mydła. Co gorsze, miejsce wokół umywalki było zawsze wilgotne. Suszyłam głowę członkom mojej rodziny, żeby po sobie wycierali, ale to powodowało, że tylko na mnie narzekali, więc straciłam zapał. Sprzątałam po nich po cichu.

Od tamtego czasu zmądrzałam. Kiedy zabroniono mi sprzątać po tym, jak w tajemnicy pozbywałam się rzeczy należących do rodziny, przekonałam się na własnej skórze, że nie warto ruszać rzeczy innych osób. Postanowiłam, że rozwiązaniem będzie uczynienie miejsca jak najprzyjemniejszym, zwłaszcza kiedy to ja go używam. Czyszczenie umywalki w łazience bez szemrania było formą podziękowania rodzicom za to, że mogę korzystać z ich domu. Nie tylko myłam ją za każdym razem, kiedy z niej korzystałam, ale także przecierałam ją zawsze, kiedy obok niej przechodziłam. Raz w miesiącu zdejmowałam rzeczy ze szklanych półeczek obok umywalki i myłam je dokładnie. Robiłam to bardzo starannie, ale jeżeli nie udało mi się raz wyczyścić umywalki z powodu nawału pracy albo zapomniałam to zrobić, miejsce robiło się wilgotne i śliskie, co było bardzo zniechęcające.

Nieczęsto poświęcamy dużo uwagi łazience w trakcie sprzątania, a jednak bywa to miejsce, w którym najtrudniej utrzymać porządek. Panuje w niej wilgoć, piętrzy się w niej dużo produktów i korzysta z niej wiele osób.

Kiedy rozważam, gdzie co trzymać, zawsze myślę o celu, jakiemu ma służyć. Łazienka służy do tego, żeby myć w niej twarz, zęby i kąpać się. W Japonii to często tam znajduje się pralka, a domownicy robią pranie. To także miejsce na trzymanie rzeczy związanych z wodą i pielęgnacją skóry. Można wyróżnić tu następujące kategorie:

- środki do czyszczenia twarzy i ciała (środki do pielęgnacji skóry i włosów, szczoteczki, suszarki, gumki i wsuwki do włosów, waciki, golarki i ręczniki)
- środki do kąpieli (szampon, sole do kąpieli itd.)
- środki czystości (mleczko do mycia powierzchni, gąbki itd.)

Kampania sprzątania to okazja do przejrzenia po kolei zapasów chusteczek, szamponów i innych rzeczy. Jeżeli podejrzewasz, że jakaś rzecz jest stara albo słabej jakości, albo po prostu z niej nie korzystasz, to należy się z nią rozstać.

Idealnie byłoby, gdybyś mogła wszystko zużyć, ale jeżeli masz zbyt dużo produktów, możesz je oddać. Najważniejsze to wiedzieć, ile takich rzeczy zużywasz. Oblicz, ile dni zabrałoby ci zużycie jednej rzeczy i przelicz, na jaki okres starczą ci te, które zgromadziłaś. Jeżeli są to zapasy nie na cały rok, a na pięć albo sześć lat, to możesz przekazać je organizacji pomocowej.

Zrób zdjęcia i pokaż koleżankom, opowiedz im historię o swoim heroicznym maratonie sprzątania, a potem baw się dalej sprzątaniem.

Jeżeli twoja umywalka ma szufladki, to zastosuj dwie podstawowe zasady: trzymaj produkty z jednej kategorii razem i w pozycji pionowej. Szczególnej uwagi wymaga szafka pod umywalką. Kiedy ktoś mówi mi, że ma kłopot z rozmieszczeniem rzeczy w łazience, to zwykle z powodu niewłaściwego wykorzystania miejsca pod umywalką. Kiedy otwieram drzwi do szafki, znajduję w niej stłoczone obok siebie, płasko leżące środki czystości i szampony, a nad nimi jest wyraźna dziura.

Najlepiej wykorzystasz przestrzeń pod umywalką, gdzie nie ma półki, jeżeli zagospodarujesz ją na całej wysokości. To jest ten przypadek, kiedy pudełka są niewystarczające,

a przydatne okazują się dodatkowe gadżety. Polecam zestaw plastikowych szufladek. Pod warunkiem, że są one wystarczająco głębokie. Jeżeli jeszcze nad nimi jest miejsce, to połóż tam pudełko bez pokrywki, w którym możesz trzymać wyższe elementy, takie jak butelki i suszarkę do włosów.

Stojaczek na nóżkach też się sprawdzi w tym miejscu. Jeżeli nie masz żadnej z tych rzeczy, to umieść pudełko bez przykrywki na większym plastikowym pudle. To jednak sprawi, że trudniej będzie otworzyć pudło, więc lepiej trzymać w nim tylko dodatkowe pasty do zębów oraz mydła.

Jeżeli dzielisz łazienkę z innymi domownikami, to zacznij od rozmieszczenia wspólnych rzeczy, a potem przejdź do rozkładania rzeczy osobistych. Wspólne rzeczy to na przykład stojaki na szczoteczki do zębów, suszarki do włosów, ręczniki i środki czyszczące. Kiedy już zrobisz dla nich miejsce, podziel pozostałą przestrzeń między domowników tak, żeby każda osoba miała miejsce na swoje własne kosmetyki.

Jeżeli w łazience brakuje miejsca, to niech każda osoba trzyma rzeczy osobiste w pokoju. Zalecam wprowadzenie jasnych reguł. Nie zapomnij o zastosowaniu strategii na zachowanie czystości okolicy umywalki. Ja rozwiązałam ten problem w moim własnym domu, naśladując jedną z moich klientek, dzięki czemu umywalka lśni czystością. Trzymała w łazience ręcznik, który służył tylko do wycierania umywalki. Być może zaskoczy cię fakt, że sama nigdy o tym nie pomyślałam, ale często podpatruję takie praktyczne rozwiązania u moich klientek.

Jak zapewne zauważyłaś, zawsze zachęcam ludzi do trzymania rzeczy pionowo, od ubrań, przez przybory do pisania, aż po kosmetyki do makijażu. Często jestem pytana o to, czy ręczniki też mają być trzymane pionowo, czy też mogą leżeć na stosie. Może przypominamy sobie, jak ładnie wyglądają ręczniki w hotelach, kiedy leżą jeden na drugim i są dopasowane kolorystycznie. Są dwa powody, dla których zalecam trzymanie rzeczy pionowo. To bardzo wiele ułatwia. Na pierwszy rzut oka widać, co jest w szafce i szybko można wyciągnąć to, co potrzebne, odłożyć z powrotem. Po drugie, rzeczy na dole kupki zwykle są wygniecione i wyglądają smętnie.

Jeżeli masz zwyczaj sięgania po pierwszy ręcznik z góry, to trzymaj je ułożone jeden na drugim. Pamiętaj jednak o odkładaniu świeżo wypranych na dół stosu. Ręczników używa się często, a zatem ten na samym dole będzie tam przez krótki czas.

Jeżeli jednak wybierasz ręcznik, z którego chcesz korzystać z dowolnego miejsca stosu, to lepiej zwinąć je jak ubrania i postawić w koszyku na półce.

Przemień swoją łazienkę w radosne miejsce

Ważna jest sceneria, która odbija się w lustrze łazienkowym. Lustra zwykle wzmacniają energię tego, co odzwierciedlają, więc staraj się, żeby odbicie było jak najpiękniejsze. Jeżeli w lustrze widać nieład w miejscu, w którym przechowujesz rzeczy, to powieś tam zasłonkę albo trzymaj rzeczy w pasujących do siebie pudełkach. Polecam też powieszenie pięknego obrazu, który będzie się w lustrze odbijał. Będziesz miała stale przed oczami zachwycający widok. Upewnij się tylko, że rama obrazu jest odporna na wilgoć.

Zwróć uwagę na wygląd środków czystości używanych w toalecie

Wiele klientek mówi mi, że nie mają problemów z przechowywaniem rzeczy, które są potrzebne do utrzymania porządku w toalecie, a których liczba jest ograniczona. Może to być papier toaletowy, środki czystości, odświeżacze powietrza czy też produkty higieniczne dla kobiet. Jeżeli tylko nie trzymasz dużych zapasów pod ręką, to ich przechowywanie jest stosunkowo łatwe i klientki popełniają tu niewiele błędów. A jednak może dlatego rzadko trafiam również na klientkę, która radziłaby tu sobie idealnie. Jeśli mam być szczera, to ja też byłam dość niedbała w tym względzie. Zmiana nastąpiła po wizycie znajomej.

„Zabrakło ci papieru toaletowego, więc wyjęłam nową rolkę" – powiedziała mimochodem po wyjściu z toalety. Zamarłam. Byłam zawstydzona, bo zdałam sobie sprawę, że nie pomyślałam o rozdysponowaniu papieru toaletowego.

Nie chcesz powiedzieć, że otworzyłaś szafkę, pomyślałam. Jak mogła zrobić to bez pytania? Wtedy zdałam sobie sprawę, że to była moja wina, gdyż nie upewniłam się, czy w toalecie stoi na widoku dodatkowa rolka. Kiedy poszła do domu, otworzyłam szafkę. Zwykłe przedmioty były na swoim miejscu. Nie było tam nieładu, ale napisy wydawały się krzyczeć z opakowań i nie była to szafka pełna radości. A przecież sama uczę klientów zwracania uwagi na to, żeby głęboko schowane miejsca były źródłem radości!

Kiedy pomyślałam o tym chwilę dłużej, zdałam sobie sprawę, że łazienka lub też łazienka dla gości, jeżeli taką masz, to najbardziej publiczne miejsce w naszym domu, nawet bardziej publiczne niż przedpokój czy kuchnia. Mimo to rzeczy związane z toaletą są jednymi z najmniej estetycznych elementów wyposażenia domu. Goście rzadko je widzą, a jeżeli wyglądają nieporządnie, to jest to bardzo krępujące. Tak więc przy przechowywaniu rzeczy związanych z utrzymaniem czystości w toalecie, największe znaczenie ma wygląd.

Jeżeli w twojej łazience jest wbudowana szafka, upraszcza to sprawę. Najważniejsze, aby przechowywać rzeczy w szafce w taki sposób, żebyś nie czuła zażenowania, jeżeli ktoś ją otworzy. To samo dotyczy półek nad muszlą klozetową. Papier toaletowy najlepiej trzymać w koszyku albo w pudełku. Jeżeli nie znajdziesz odpowiedniego pojemnika, to możesz zostawić rolki w paczce i położyć je bezpośrednio na półce. Jeżeli została jedna rolka albo dwie, to lepiej wyjąć je z plastikowego zbiorczego opakowania i pozostawić na półce. Włóż dodatkowy zapas papieru do szafki z resztą podobnych artykułów jednorazowego użytku.

Usuń najbardziej krzykliwe elementy etykiet ze sprayów i środków czystości. Możesz nawet usunąć całe etykiety z często używanych produktów, na przykład środków do mycia toalet. Opakowania środków czyszczących są zwykle brzydkie i krzykliwe. Usunięcie ich sprawi, że wnętrze szafki zyska bardziej elegancki wygląd. Nie usuwaj etykiet, jeżeli w domu są dzieci lub też są to rzadko używane produkty, na przykład środki do udrażniania rur i będziesz musiała łatwo odróżnić ich zawartość.

I wreszcie produkty higieniczne dla kobiet. Trzymanie ich w plastikowych opakowaniach z drogerii nie wchodzi w rachubę. Najlepszym rozwiązaniem jest przechowywanie ich w ratanowym koszyku albo ładnym pudełku. Dodatkowe sztuki mogą być trzymane w płóciennym woreczku. Jeżeli mieszkasz z rodziną i nie ma wystarczająco dużo miejsca, żeby trzymać podpaski w toalecie, to przygotuj dla nich osobne miejsce w szafie.

Wyposażenie toalety jest teraz gotowe. Nie było to zbyt trudne, prawda? Zabierze ci to maksymalnie dziesięć minut, jeżeli tylko znajdziesz odpowiednie pudełko albo torbę.

Jeżeli toaleta znajduje się w twojej łazience, przyjrzyj się temu, jak możesz uczynić to miejsce bardziej radosnym. Szkoda byłoby trzymać rzeczy w przypadkowy sposób, jeżeli można to miejsce przemienić za pomocą minimalnych zabiegów dekoracyjnych. Zacznij od przejrzenia tego, co się tam już znajduje. Może wisi tam kalendarz, w którym nikt nie zmienia kartek? A może trzymasz tam książki albo magazyny, których nigdy nie czytasz? Czy któraś z tych rzeczy budzi w tobie radość?

Toaleta to miejsce, które pozwala poczuć odprężenie. Nie zalecam zatem dekoracji w postaci tekstu, chyba że jest to coś szczególnie inspirującego. Zamiast tego proponuję wykorzystać elementy, które odwołują się do zmysłów, na przykład olejki aromatyczne, kwiaty, obrazki albo ozdoby. Wybierz deskę klozetową i dywanik, które ci się szczególnie podobają. Dodaj do tego miejsca osobisty akcent.

Czy kiedykolwiek w toalecie w restauracji albo innym miejscu publicznym zachwycił cię wystrój i uznałaś, że idealnie pasuje do tamtego miejsca? Na przykład w hawajskiej kawiarni drzwi bywają udekorowane kwiatami hibiskusa, na ścianach widać zdjęcia palm albo tancerek hula, a umywalka ma elementy dekoracyjne w kształcie żółwi. W powietrzu unosi się zapach kokosowy. Już samo wejście do tego pomieszczenia sprawia, że czujesz przypływ zadowolenia.

Jeżeli ty i twoja rodzina macie ugruntowane gusty, to uczynienie z toalety tematycznego kącika może być bardzo przyjemne. Jeśli toaleta jest osobnym pomieszczeniem, będzie to bardzo proste. Nikt nie spędza tam zbyt wiele czasu, więc można to miejsce wypełnić radością. Jeżeli wolisz, żeby to było miejsce spokojne i utrzymane w tonie prostoty, to oczywiście dopasuj elementy dekoracyjne do swoich wymagań.

Gdy toaleta i wanna znajdują się w tym samym pomieszczeniu, priorytetem będzie utrzymanie czystości. Skup się na utrzymaniu niskiego poziomu wilgoci i pleśni. Będzie to o wiele przyjemniejsze miejsce, jeżeli wszystko będzie zamknięte w szafce, a dekoracje będą zrobione tylko z wodoodpornych materiałów. Nie mówiąc już o zachowaniu czystości muszli klozetowej, jako podstawowym sposobie na zachowanie estetyki w tym miejscu. Nie trzymaj niczego na podłodze, poza małym koszem na śmieci i szczotką do toalety.

WYELEMINUJ „PRZESZKADZACZE RADOŚCI"

Wyeliminowanie wszystkiego, co może zaburzać radość, jest równie ważne, jak wzmacnianie radości. Mam tu na myśli rzeczy, które w ogóle nie wzbudzają radości i stanowią tylko zbędne dodatki, na przykład cienka, przezroczysta folia pokrywająca ekran wyświetlacza sprzętu grającego, pomarszczone celofanowe opakowanie bukietu suszonych kwiatów, które dostałaś w prezencie. To są rzeczy, bez których świetnie można się obyć.

Tak samo słowa „Power Pressure!" krzyczące z parowaru, mieniące się logo firmy przeprowadzkowej na tekturowych pudłach w szafce, czy też rzucający się w oczy napis „waciki bawełniane" na opakowaniu. Im więcej informacji tekstowej w twoim otoczeniu, tym bardziej dom wydaje się wypełniony chaosem.

Już samo wyeliminowanie tychże elementów z domu pozwala na stworzenie przestrzeni pełnej elegancji. Efekt będzie piorunujący. Jeżeli chcesz osiągnąć szczyt radości, to zalecam ci się ich pozbyć.

8

SPRZĄTANIE PRZEDMIOTÓW O WARTOŚCI SENTYMENTALNEJ

Porządkowanie przedmiotów o wartości sentymentalnej oznacza uporządkowanie przeszłości

Wreszcie nadchodzi ostatni etap kampanii sprzątania: przedmioty o wartości sentymentalnej. Najważniejsze o czym trzeba pamiętać przy porządkowaniu tej kategorii, to wiara we własne poczucie radości. Możesz zastanawiać się, dlaczego mówię to teraz, ale pozwól, że przypomnę ci raz jeszcze, że obecnie twoja umiejętność rozpoznawania radości jest zupełnie inna, niż kiedy zaczęłaś kampanię porządkową. Jeżeli dotychczas porządkowałaś rzeczy we właściwej kolejności – od ubrań, przez książki, papiery i rzeczy z szerokiej kategorii *komono* – to stałaś się wystarczająco uwrażliwiona na to, co jest dla ciebie źródłem radości. Możesz teraz się rozluźnić i zabrać za porządkowanie rzeczy o wartości sentymentalnej.

Należy pamiętać o kilku istotnych elementach. Po pierwsze, nie wolno ci pod żadnym pozorem odesłać swoich rzeczy do domu rodziców. Przez jakiś czas sądziłam, że nic się nie stanie, jeżeli moi klienci będą odsyłać rzeczy do rodzinnych domów, jak długo znajdzie się tam na nie miejsce. Ale kiedy z kolei pomagałam rodzicom sprzątać ich własny dom, zdałam sobie sprawę, że nie mogą oni posunąć się naprzód, gdyż są zawaleni pudłami od swoich dzieci. Co więcej, kiedy tylko pudła te lądowały w ich domu, już ich nie otwierano.

Po drugie, jeżeli nie możesz czegoś wyrzucić, zatrzymaj to z przekonaniem. Może to być na przykład koszulka zaprojektowana przez klasę z liceum na szkolny festiwal. Jeżeli nie możesz się z nią rozstać, zatrzymaj ją. Nie potępiaj się za to, że nie potrafisz wyrzucić czegoś tak prostego. Zaufaj raczej swojej intuicji, która wyostrzyła się poprzez dokonywanie niezliczonych wyborów tego, co zatrzymać, a czego się pozbyć. Jeśli tylko podeszłaś do tej koszulki w sposób szczery i autentyczny, to nadejdzie dzień, kiedy będziesz wiedziała, że wypełniła ona swoje zadanie.

Wreszcie, dobrze spożytkuj rzeczy, które postanowiłaś zatrzymać na kolejny etap twojego życia. Jeżeli zadajesz już sobie tyle trudu, żeby wybrać rzeczy o wartości sentymentalnej, które wywołują radość, to ważne, aby przechowywać je w taki sposób, który pozwala ci się cieszyć nimi, kiedy zechcesz. „Czy przyszła ja potrzebuję tego, aby doświadczać radości?" Niech to będzie kryterium, na podstawie którego skonfrontujesz się z każdą rzeczą i uporządkujesz sprawy wokół siebie samej z przeszłości.

Porządkowanie wspomnień z młodości

Wszyscy uczniowie i uczennice otrzymują świadectwa i dyplomy. Jeżeli chcesz zatrzymać swoje świadectwa, wybierz tylko te, które robią na tobie największe wrażenie. Ja natomiast podziękowałam tym wszystkim rzeczom i się ich pozbyłam.

Jeżeli nie potrafisz pozbyć się mundurka szkolnego, to może spróbujesz go założyć i oddać się wspomnieniom z młodości? Większość z moich klientów, którzy to zrobili, poszli po rozum do głowy i wyrzucili go.

Porządkowanie wspomnień związanych z dawną miłością

Po dawnych miłościach zostają nam różne pamiątki: prezenty, ubrania, zdjęcia z fotobudki. Jeżeli masz nadzieję na związek z kimś nowym, to najlepiej się wszystkiego pozbyć. Do wyjątków należą rzeczy, z których korzystasz na co dzień od tak dawna, że nie przywołują wspomnień o tamtym związku.

Niezależnie od tego, jakie są to wspomnienia, nie wyładowuj swoich negatywnych uczuć na rzeczach. Zawsze podziękuj im za wspaniałe wspomnienia i rozstań się z nimi z wdzięcznością.

Jeżeli czujesz potrzebę oczyszczenia karmy, która może wiązać się ze zdjęciem kogoś, z kim zerwałaś, rzuć na nie szczyptę oczyszczającej soli. Następnie ukryj twarze, wkładając zdjęcie do koperty lub do papierowej torebki. Zdjęcia powinny być skierowane do wewnątrz, żebyś ich nie widziała. Metoda z wykorzystaniem papierowej torebki i oczyszczającej soli sprawdzi się nie tylko w przypadku zdjęć i pluszowych zabawek, ale i innych przedmiotów, z którymi masz jakąś emocjonalną więź, na przykład rzeczy zmarłej osoby.

Jedna z moich klientek, która pozbywała się pamiątek po byłym chłopaku, rzuciła solą w torbę z taką siłą, jakby wyganiała demony. Kiedy zamknęła torbę, zauważyła: „Nie czułam się tak od dawna. Teraz mogę pójść naprzód". Na twarzy miała spokój, jakiego przedtem u niej nie widziałam. Złożyła dłonie i ukłoniła się torbie, mówiąc: „Dziękuję ci za wszystko". Nie mam pojęcia, co właściwie wydarzyło się „tamtego dnia", ale widać sól spełniła swoje zadanie.

Nagrania o wartości sentymentalnej

Należą do nich nagrania starych programów telewizyjnych i zapisy wideo różnych wydarzeń z twojego życia. Filmy wideo bez etykietek mogą być prawdziwym problemem w trakcie sprawdzianu radości. Aby określić ich zawartość, ogranicz się do obejrzenia samego początku i natychmiast podejmij decyzję. Jeżeli jest ich dużo, wyznacz specjalny czas na to zadanie i wykonaj przegląd za jednym zamachem. Osobiście jestem za wyrzuceniem ich wszystkich, bez sprawdzenia zawartości. Jeżeli będziesz miała możliwość przeniesienia danych z kaset, które chcesz zachować, na płytę DVD albo twardy dysk, to zaoszczędzisz dużo przestrzeni.

Prace plastyczne twoich dzieci

Do rzeczy z tej kategorii można podejść na różne sposoby, na przykład zrobić zdjęcia dziecięcych prac przed ich wyrzuceniem albo zdecydować, ile spośród nich chcesz zachować i trzymać się tej liczby. Jeżeli jednak są obrazki, z którymi nie możesz się rozstać, to nie ma potrzeby się do tego zmuszać. Jeżeli zamierzasz je zatrzymać, to zadbaj o nie odpowiednio. Polecam wyeksponowanie tych prac w specjalnie przeznaczonym na to kąciku. Kiedy się już nimi nacieszysz, będziesz mogła im podziękować za to, że pomogły twoim dzieciom się rozwijać, i pozbyć się ich bez wyrzutów sumienia.

Kronika życiowa

Jeżeli zadecydujesz, że chcesz zatrzymać takie pamiątki, jak bilety z podróży, przechowuj je w taki sposób, żebyś zawsze mogła się nimi cieszyć, na przykład poprzez umieszczenie ich w albumie.

Jeżeli chodzi o terminarze to zachowaj ten, który symbolizuje najbardziej radosny rok. W przypadku dzienników, możesz je przejrzeć i powspominać dawne wydarzenia. Zatrzymaj tylko te, które budzą twoją radość. Możesz też zastosować kryterium mojej klientki, która wyrzuciła te dzienniki, których nie chciała zostawić do przeczytania po jej śmierci. Na samą myśl, że mogło by się to wydarzyć, czuła się zażenowana.

Listy

Jeszcze raz przyjrzyj się każdemu listowi, który otrzymałaś. Pożegnaj się z tymi, które spełniły swój cel. Nie wkładaj ich prosto do kosza. Okaż im szacunek i włóż je do papierowej torebki.

Zatrzymaj listy, które w dalszym ciągu podnoszą cię na duchu albo poruszają twoje serce, kiedy je czytasz. Listy niszczeją z czasem, zatem przechowuj je w pojemniku, który ma przepływ powietrza i z dala od wilgoci. Możesz przeznaczyć na nie swoje ulubione pudełko.

Porządkowanie zdjęć jako ostatni etap kampanii

Weź każde zdjęcie po kolei do ręki i zatrzymaj te, które wywołują w tobie radość. Wyjmij wszystkie zdjęcia z albumów, ale nie potrzebujesz tego robić w przypadku albumów, które budzą twoją radość w całości.

Nawet jeżeli masz kilka dużych tekturowych pudeł wypełnionych zdjęciami, nie zniechęcaj się. Twoja wrażliwość jest na tyle wyostrzona, że będziesz zadziwiona, jak szybko jesteś w stanie wybrać te zdjęcia, które chcesz zachować. Pozbądź się tych, które są podobne albo jeżeli nie pamiętasz, jaką scenę przedstawiają. Pozbądź się wszystkich negatywów. Jedna z moich klientek oświadczyła, że zachowa tylko te zdjęcia, na których dobrze wygląda, co w pewnym sensie jest właściwym kryterium.

W procesie selekcji pomocne będzie rozłożenie zdjęć na podłodze chronologicznie. W ten sposób możesz czerpać przyjemność z organizowania twojej przeszłości. Ostatnim i niezbędnym krokiem sprawdzianu radości jest włożenie ich do albumu, który ci się podoba. Zdjęcia będą ożywiały twoje wspomnienia tylko wtedy, kiedy zostaną tak zaaranżowane, żebyś mogła się cieszyć nimi, kiedy tylko będziesz miała na to ochotę.

Porządkuj zdjęcia rodzinne razem z pozostałymi domownikami

Muszę ci coś wyznać. Dopiero ostatnio skończyłam porządkować swoje zdjęcia. Oczywiście już dawno posegregowałam zdjęcia przedstawiające mnie samą i zrobione od momentu, kiedy poszłam na studia. Nie byłam jednak w stanie zabrać się za zdjęcia mojej rodziny z okresu, kiedy byłam mała. Pewnego dnia mój ojciec powiedział, że znalazł w swoim gabinecie wielki zbiór starych zdjęć – pięć tekturowych pudeł. Zastanawiałam się, co z tym zrobić. Czy powinnam go poprosić, żeby zaczął je przeglądać, czy mam się za to zabrać sama? W końcu postanowiłam, że zrobimy to wspólnie, zajmnie się tym cała rodzina.

W kolejnym tygodniu pojechałam do rodziców, wyciągnęłam zdjęcia z pudełek, rozłożyłam je na podłodze i zaczęłam ostatni rozdział naszego festiwalu sprzątania. Sortowaliśmy wspólnie zdjęcia, śmialiśmy się i snuliśmy wspomnienia, wybierając, które fotografie chcemy zatrzymać. To było chyba najprzyjemniejsze sprzątanie, w jakim brałam udział. Przyszedł mi do głowy pomysł. Zdecydowałam się zrobić piękny album wspomnień dla rodziców. Nie zrobiłam dla nich sama prezentu od czasów zerówki i mówiąc szczerze, zdecydowałam się to zrobić częściowo w ramach moich badań nad sprzątaniem.

Moi rodzice robili sporo zdjęć podczas ważnych wydarzeń rodzinnych, takich jak urodziny i święta Bożego Narodzenia, nie mogłam sobie jednak przypomnieć, żeby kiedykolwiek poświęcili czas, aby z nami je pooglądać i powspominać przeszłość. Z kolei niektóre moje klientki pokazują mi z dumą piękne albumy wypełnione wspomnieniami i cieszy je czas spędzony na ich przeglądaniu. Byłam ciekawa, czy rodzice nie robią tego, bo to cecha ich osobowości, czy też dlatego, że nigdy nie próbowali. Chciałam się też przekonać, czy zrobienie albumu ze zdjęciami wpłynie na sposób, w jaki sprzątają.

Tak się złożyło, że za dwa tygodnie miały być urodziny mojej matki. Umówiłam się z młodszą siostrą, że zrobimy album, który pokaże życie rodziców od momentu, jak wzięli ślub. Pierwszy krok polegał na znalezieniu albumu, który cieszyłby oczy. Wybrałyśmy elegancki, w złoty wzór na różowym tle. Miał odpowiednią wielkość, nie był ani za duży, ani za mały, łatwo było więc po niego sięgnąć i wielokrotnie go przeglądać. Na stronie mieściły się dwa zdjęcia, czyli razem sto zdjęć.

Kiedy już wiedziałyśmy, ilu zdjęć potrzebujemy, nadeszła pora dokonania wyboru. Podzieliłyśmy ogromny zbiór i patrzyłyśmy na każde zdjęcie. Zastosowałyśmy proste kryterium: mama musiała wyglądać pięknie, musiał na nim być ktoś z członków rodziny i oczywiście zdjęcia musiały wzbudzać radość. Moją siostrę z początku przytłaczała ogromna ilość zdjęć, ale pracowałyśmy wytrwale i w ciągu dwóch godzin miałyśmy wybrane sto fotografii.

To nie był koniec. Jak się domyślasz, w Japonii, jak dzisiaj w każdym niemal kraju na świecie, królują zdjęcia cyfrowe. Od czasu kiedy nastała era aparatów cyfrowych, ludzie robią mnóstwo zdjęć, ale rzadko patrzą na nie więcej niż raz. Moja siostra i ja podzieliłyśmy karty pamięci, a było ich około dwudziestu i zaczęłyśmy wybierać najlepsze ujęcia. **Porządkując dane zapisane cyfrowo, stosuj tę samą zasadę: wybieraj to, co chcesz zachować, a nie to, co chcesz usunąć.** Jeżeli będziesz skupiona na tym, które zdjęcia usunąć, to nigdy nie skończysz porządkowania.

Zacznij od stworzenia nowego folderu na swoim komputerze (ja nazwałam swój „zdjęciami radości") i przekopiowałam tam wszystkie fotografie. Jeżeli masz zdjęcia z tego samego dnia, wybierz te najlepsze. Byłyśmy tak skupione na zadaniu, że zawęziłyśmy naszą kolekcję do trzydziestu zdjęć w ciągu godziny. Następnie je wydrukowałyśmy.

Potem zaczyna się prawdziwa praca. Rozłóż wszystkie zdjęcia na podłodze latami, w których zostały zrobione, przechodząc od lewej do prawej, aż dojdziesz do najnowszych. Zdjęcia z tego samego roku powinny być ustawione w poziomym rzędzie. Jeżeli nie jesteś pewna z którego roku pochodzi zdjęcie, zgadnij.

„Okulary taty wyglądają, jakby były z lat osiemdziesiątych".

„Do Nagasaki pojechaliśmy, gdy byłam w szkole podstawowej, prawda?"

Kiedy skończysz, podłoga będzie wyglądała, jakbyś rozegrała kilka partii pasjansa pod rząd. Taki układ pozwoli ci zobaczyć, czy w danym roku nie ma więcej zdjęć niż w pozostałych oraz czy się nie dublują. Możesz odłożyć niepotrzebne, aż dojdziesz do docelowej liczby. Teraz włóż je wszystkie do albumu – zrób to od razu. Możesz też udekorować album kilkoma naklejkami. Produkt końcowy będzie na pewno efektowny.

Kiedy skończyłyśmy, zupełnie zapomniałam, że podjęłam się tego zadania dla celów badawczych i liczyło się dla mnie jedynie zrobienie czegoś, co ucieszy mamę. To był sukces. Moi rodzice, którzy przedtem nigdy nie oglądali zdjęć, zaczęli od tamtego czasu drukować zdjęcia cyfrowe i co jakiś czas je przeglądać. Zachęcam klientów i klientki, żeby w ramach lekcji na temat sprzątania rzeczy o wartości sentymentalnej, zrobili taki album dla rodziców. Jeżeli któreś z rodziców nie żyje, to proponuję zrobienie albumu poświęconego jego lub jej pamięci, co daje im możliwość powspominać życie rodziców.

Spotykam się z bardzo różnymi reakcjami:

„Nie robiłam czegoś takiego od czasów szkoły, ale to całkiem przyjemne!"

„Zawsze byłam trochę zdystansowana do rodziców, ale kiedy patrzę na każde zdjęcie i myślę o tym, jak mnie kochali i że starali się, jak mogli, żeby mnie wychować, to odczuwam wobec nich wdzięczność".

Moi klienci są zazwyczaj zadowoleni po zakończeniu tego etapu porządkowania; nawet ci, którzy mają po dwadzieścia kilka lat, zgadzają się, że powinni byli uporządkować zdjęcia dużo wcześniej. Ja też się tak czułam. **Nigdy nie jest za późno, żeby zacząć.** Jeżeli jednak możesz, to zajmij się rzeczami o wartości sentymentalnej najszybciej jak to możliwe, żebyś mogła uporządkować swoje życie i wypełnić każdy dzień radością.

CZĘŚĆ TRZECIA

MAGIA ZMIENIAJĄCA ŻYCIE

9

DOM, KTÓRY PROMIENIEJE RADOŚCIĄ

Przedpokój, który promienieje radością

Jako samozwańcza maniaczka sprzątania jestem w stanie ocenić stan szaf danej osoby już w momencie, kiedy stanę na progu jej domu. Wejście do domu jednej z moich klientek było zawalone butami i stosem gazet przeznaczonych do recyklingu. Klucze, rękawiczki i formularze walały się na szafce z butami, a hol był tak wypchany pudłami książek i ubrań, że wyglądał jak magazyn. „Wejdź, proszę, tylnymi drzwiami – powiedziała. – Tędy się nie przeciśniesz". Jak można się domyślić, cały jej dom wyglądał jak magazyn. Chociaż jest to dość skrajny przykład, to trzeba pamiętać, że jakikolwiek dom z zagraconym wejściem będzie wyglądał na wypełniony po brzegi.

Nawet jeżeli na pierwszy rzut oka wejście wydaje się uporządkowane, a powietrze jest ciężkie i gęste, to istnieje duże prawdopodobieństwo, że szafy wręcz pękają w szwach. Obieg powietrza to istotny czynnik, który powinien być wzięty pod uwagę przy porządkowaniu przedpokoju. Jest to coś, o czym myślę, kiedy planuję rozmieszczenie rzeczy w domu. Przede wszystkim obserwuję, jak powietrze z wejścia przepływa przez resztę domu i upewniam się, że nic go nie blokuje. Jeżeli w przedpokoju pełno jest butów i innych rzeczy, to atmosfera w domu będzie duszna.

To dlatego zalecam, żeby utrzymać jak największy prześwit w przedpokoju. Pozostaw tam tylko buty, które nosiłaś tego dnia, żeby się przewietrzyły. Oznacza to, że w przedpokoju nie powinno być więcej butów niż członków rodziny. Rzeczy, które są potrzebne na pewnym etapie życia, tak jak na przykład wózek dziecięcy, również mogą tam stać.

Warto jednak trzymać przy wejściu jak najmniej rzeczy. Wybierz jedną, którą kochasz, a która budzi twoją radość i umieść ją na widoku. Jeżeli chcesz wyeksponować kilka mniejszych rzeczy, a jednocześnie nie chciałabyś, żeby sprawiały wrażenie ustawionych w przypadkowy sposób, to postaw je na tacy albo serwetce tak, aby razem tworzyły jeden element dekoracyjny.

Salon, który promienieje radością

Salon to miejsce, w którym rodzina może zebrać się razem i cieszyć swoim towarzystwem. Myśl o tym miejscu jako o centrum życia rodzinnego.

W idealnym salonie znajdują się meble, które wywołują radość. Warto wyznaczyć stałe miejsce na piloty do telewizora i sprzętu grającego, gazety itd. Salon uprzyjemnią także rośliny, ulubiona muzyka i specjalny kącik na zdjęcia rodzinne.

Kuchnia, która promienieje radością

Czystość jest tu kluczowa. Wrogami są wilgoć i tłuszcz. To dlatego powinno się ją dać łatwo wyczyścić. Nie trzymaj niczego na blacie obok kuchenki i zlewu. Utrzymuj minimalną liczbę garnków i naczyń, trzymaj wszystkie przybory do gotowania w jednym miejscu, a żywność przechowuj ustawioną pionowo.

Przystrój swoją kuchnię. Gotowanie powinno sprawiać ci przyjemność.

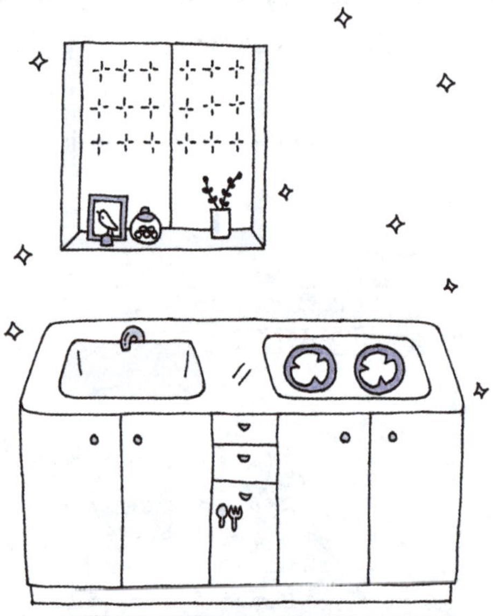

Gabinet, który promienieje radością

Umysł można oczyścić, pozbywając się zbędnych papierów. Powierzchnia biurka powinna być względnie pusta. Ustaw książki i materiały wedle swoich reguł.

Rozważ trzymanie tam małej rośliny doniczkowej. Niech twój gabinet nie będzie tylko miejscem zaaranżowanym w sposób praktyczny. Ważne, żeby był w nim także akcent lekkości i zabawy, właśnie dlatego, żeby ożywić miejsce pracy.

Sypialnia, która promienieje radością

Niech sypialnia będzie miejscem, w którym możesz naładować baterie i nabrać sił na kolejny dzień. Oświetlenie powinno być łagodne i przytłumione, możesz słuchać tam relaksującej muzyki i eksponować przedmioty oraz zapachy, które wywołują radość. Często zmieniaj bieliznę pościelową.

Łazienka, która promienieje radością

Czemu nie cieszyć się z przyjemności, jakie daje łazienka? Zażywaj kąpieli przy świecach i w pachnącej pianie, tak jak lubisz.

Wanna i jej krawędzie powinny być dobrze wyczyszczone. Wyjmuj z szafek tylko to, co potrzebujesz, i chowaj, kiedy skończysz z tego korzystać.

Toaleta to sfera oczyszczania. Ważne, żeby płynęła przez nią energia, więc niech nie będzie zagracona. Dekoracje powinny wywoływać radość i być ułożone tak, żeby zapewniać przepływ powietrza. Czystość jest tu kluczowa. W idealnej łazience unosi się świeży i naturalny zapach. Zapas papieru toaletowego powinien być poza zasięgiem wzroku.

10

ZMIANY, KTÓRE NASTAJĄ PO TYM, GDY SKOŃCZYSZ SPRZĄTAĆ

Miałam taki okres w życiu, kiedy sprzątałam bez przerwy. Byłam wdzięczna, że ludzie dzwonią i proszą o lekcje, nawet kiedy miałam po dwóch klientów dziennie i ledwo nadążałam. Czasami miałam po trzy lekcje dziennie. Pierwsza odbywała się o siódmej rano i kończyła po południu, druga zaczynała o pierwszej i trwała do siedemnastej, a ostatnia zaczynała o osiemnastej i kończyła o dwudziestej trzeciej. Ponadto po powrocie do domu pisałam jeszcze książkę. Uwielbiam moją pracę, ale bywały dni, kiedy zdawałam sobie nagle sprawę, że nie jadłam od dwóch dni. To tak, jakbym mieszkała na środku pustyni, a nie w centrum Tokio. Obawiałam się, że skończę w szpitalu z powodu wyczerpania wywołanego nadmiernym sprzątaniem.

Pewnego wieczoru, kiedy zaczynałam myśleć, że dochodzę do granicy tego, co jestem w stanie zrobić sama, zawibrował mój telefon. To był SMS od Mayumi, absolwentki moich lekcji.

„KonMari – napisała. – Czy przyjmiesz mnie na staż?"

Co za niespodzianka! Dzień wcześniej zwróciłam się do osób, które ukończyły mój kurs, z prośbą o pomoc. Imię Mayumi było na górze listy. Brała ode mnie lekcje ponad półtora roku temu. Mówię to z zażenowaniem, ale kiedy ją poznałam, pomyślałam, że ciężko ją rozgryźć. „Sprzątanie jest na mojej liście rzeczy do zrobienia w każdym miesiącu, ale mój dom nigdy nie jest porządnie wysprzątany... Czuję się, jakbym sprzątała przez cały czas" – powiedziała, ale była tak nieśmiała, że jej głos zanikał na końcu każdego zdania. Uczęszczała do szkoły plastycznej, bo jako dziecko lubiła rysować, ale porzuciła pomysł zostania graficzką, kiedy tylko zaczęła szukać pracy. Zatrudniła się w sklepie wielobranżowym, bo jak twierdziła, lubi różnorodność. Po jakimś czasie awansowała na kierowniczkę sklepu, ale postanowiła to rzucić, kiedy zdała sobie sprawę, że nie chce być szefową. Kiedy ją poznałam, pracowała jako sprzedawczyni na pół etatu. Była to praca, do której poleciła ją znajoma.

„Chyba w niczym nie jestem dobra. Nie udaje mi się zrealizować rozpoczętych przedsięwzięć. Zastanawiam się, czy jestem w stanie sprzątać... Nie widzę się w tej branży w dłuższej perspektywie, ale nie mam pojęcia, co chcę robić... Niczego nie jestem pewna".

Taka była Mayumi. Pod koniec drugiej lekcji była gotowa na zmiany. „Cześć!" – powiedziała, otwierając drzwi. Miała na sobie czarny żakiet i czerwoną sukienkę wykończoną fantazyjną kokardką. Wyglądała zupełnie inaczej niż w szarej bluzie z kapturem i jeansach, które miała podczas naszej pierwszej lekcji. Zawsze noszę elegancką marynarkę do pracy, żeby okazać szacunek każdemu domowi, ale to była moja pierwsza klientka, która wystroiła się na lekcję. „Zdecydowałam, że od teraz chcę stawić czoło moim rzeczom" – wyjaśniła. Do dzisiaj pamiętam, jak zaskoczyła mnie jej wyrazistość i pewność siebie.

To właśnie ta młoda kobieta została moją stażystką, a jej pasja do sprzątania zadziwiła nawet mnie. Kiedy tylko może, towarzyszy mi podczas lekcji jako moja asystentka. Nosi worki na śmieci, pomaga zbierać ubrania i drze poufne papiery. Kiedy to konieczne, chwyta za młotek i potrafi rozmontować wieszak albo złożyć zegar z kukułką, który wygląda, jakby nigdy nie był rozpakowany. Kiedy rozmawiam z klientami, siedzi dyskretnie na podłodze i obserwuje uważnie moje lekcje. Po zakończeniu lekcji siadamy w kawiarni i pijemy herbatę, omawiając tajemnice branży sprzątania.

Zawsze ma ze sobą mały notes, w którym szczegółowo zapisuje to, co mówię, i czego się uczy oraz wszelkie szczegóły na temat rozmieszczania rzeczy. Minęły dwa lata, odkąd została moją stażystką i jest całkowicie inną osobą. Nie tylko podniosła swoje umiejętności porządkowania, ale jej słowa i zachowanie są przepełnione pewnością siebie. Któregoś dnia zapytałam ją mimochodem: „Mayumi, czy twoje życie jest radosne?".

„Tak!" – odpowiedziała z mocą.

Dla ludzi wokół taka przemiana może nie jest oczywista, ale nawet małe zmiany mogą z czasem przemienić nasze życie. Bez wątpienia sprzątanie zmieni i twoje. Nie mam na myśli tego, że nagle odniesiesz sukces towarzyski, czy też staniesz się bajecznie bogata, chociaż wiele osób doświadcza i takich zmian. Największa zmiana, jaka może się dokonać przez sprzątanie, to polubienie samego siebie.

Kiedy sprzątasz, nabierasz pewności siebie.

Zaczynasz wierzyć w przyszłość.

Wszystko zaczyna przebiegać sprawniej.

Ludzie, których poznajesz, zmieniają się.

Wydarzają się nieoczekiwane i pozytywne rzeczy.

Zmiany dzieją się coraz szybciej.

Zaczynasz cieszyć się życiem.

Podobnie jak Mayumi, każdy może tego doświadczyć. Ktokolwiek zakosztuje satysfakcji, jaką przynosi sprzątanie, chce opowiedzieć o tym innym i mówi z pasją o swojej przemianie. **Porządkowanie jest zaraźliwe.**

Widok Mayumi, która nienawidziła sprzątać, mówiącej o tym z takim entuzjazmem, zawsze przypomina mi o magii sprzątania.

Posprzątaj, a uporządkujesz swoje życie uczuciowe

Kiedy pytam moje japońskie klientki, o jakim pokoju marzą, z jakiegoś powodu wiele z nich mówi:

„Chciałabym mieć pokój, który pomoże mi przyciągnąć miłość i wyjść za mąż". Nie jestem ekspertką od sprzątania jako drogi do miłości i małżeństwa. Często jednak słyszę od klientek, że odkąd posprzątały, ich życie uczuciowe zaczyna się lepiej układać. Powody tego są bardzo różne. Pokonanie kompleksów zwiększa pewność siebie, co sprawia, że osoba szukająca miłości staje się bardziej aktywna. Niektórym osobom sprzątanie pozwoliło na nowo rozpalić iskrę namiętności w związku, co zaowocowało oświadczynami. Otrzymałam także głosy, że w wyniku sprzątania niektórzy zdecydowali się zakończyć związek. **Niezależnie od tego, jaki był efekt, z pewnością można powiedzieć, że sprzątanie może pomóc nam zaprowadzić porządek w życiu uczuciowym.**

Kiedy rozmawiałam z N. przed jej pierwszą lekcją, nasza rozmowa zboczyła z tematu sprzątania na jej niepokoje związane z życiem uczuciowym. „Nie jestem pewna czy chłopak, z którym się umawiam, jest dla mnie odpowiedni" – zwierzyła mi się. Chodzili ze sobą od trzech lat i pracowali w tej samej firmie. W jej mieszkaniu było trochę jego ubrań i rzeczy, ale nie było moim zadaniem doradzanie jej w sprawach intymnych. Ograniczyłam swoje porady do sprzątania. Doświadczenie nauczyło mnie, że kiedy ludzie są niepewni co do przyszłości swojego związku, mają dużo nieuporządkowanych dokumentów. N. nie była tu wyjątkiem. Miała nieużywane książeczki czekowe, formularze, które powinna była wysłać do różnych miejsc, żeby przekazać informację o swojej przeprowadzce, i wycinki z przepisami kulinarnymi, które zamierzała kiedyś uporządkować. I tak dalej.

„Zanim zacznę analizować swój związek, powinnam zająć się innymi rzeczami"– zaśmiała się. Jako pracę domową poleciłam jej uporządkować dokumenty przed następną lekcją. Kiedy zobaczyłyśmy się znowu, wyglądała zupełnie inaczej, jakby ktoś zdjął z jej ramion duży ciężar. Odrobiła pracę domową wzorowo. Wzięła nawet dzień wolnego, żeby wypełnić i wysłać formularze. Nie tylko posprzątała, ale także zdała sobie sprawę, że nie może już dłużej żyć w niepewności, jaką odczuwała w związku i zdecydowali ze swoim chłopakiem, że rozstaną się na jakiś czas.

„Chciałam sobie dać przestrzeń na to, żeby zrozumieć swoje uczucia" – wyjaśniła.

Skończyłyśmy naszą pracę w ciągu dwóch lekcji. Nie widziałam N. przez jakieś pięć miesięcy. Kiedy miałyśmy okazję się spotkać, ku mojemu zaskoczeniu dowiedziałam się, że ona i jej chłopak mają zamiar się pobrać. „Po tym, jak spędziliśmy trochę czasu osobno, poprosił mnie o rękę. Gdybym wciąż była zdezorientowana, wahałabym się. Ale podczas naszej rozłąki uświadomiłam sobie, co czuję. Zdobyłam pewność, co mnie uszczęśliwia i mogłam powiedzieć »tak« prosto z serca". Wzruszyło mnie szczęście, jakie biło z jej oczu, kiedy mi o tym opowiadała.

Jako wieloletnia konsultantka przekonałam się, że ludzie, którzy nie spotkali jeszcze kogoś, kto im się podoba, zwykle mają nagromadzone stosy starych ubrań i papierów, a ludzie, którzy są w związku, ale mają co do niego wątpliwości, zwykle nie dbają o nie. Nasze związki z innymi ludźmi przekładają się na relacje z naszymi rzeczami, podobnie jak relacje z rzeczami przekładają się na relacje z ludźmi.

Sprzątanie pozwala przyjrzeć się bliżej relacjom

Blisko połowa moich klientów i klientek to rodzice wychowujący dzieci. W trakcie moich lekcji obserwuję, jak trudno jest je wychować, kiedy się pracuje, zwłaszcza kiedy dzieci są bardzo małe.

Jedna z moich klientek mieszkała z mężem i dwójką dzieci w wieku dwóch i czterech lat. Zarówno ona, jak i jej mąż pracowali jako nauczyciele. „Jestem ciągle zmęczona– zwierzyła mi się. – Kiedy wracam do domu z pracy, jestem zbyt zmęczona, by nawet podnieść śmieci z podłogi. Czuję się winna, że nie jestem w stanie zrobić czegoś tak prostego. Mój mąż przychodzi do domu późno, ale nie chcę się skarżyć, bo wiem, że on też ma ciężką pracę. Kiedyś uwielbiałam moją pracę, ale teraz tracę wiarę w siebie i zastanawiam się, czy tak dalej pociągnę. Całe moje życie jest skupione na radzeniu sobie i przetrwaniu. Chciałabym mieć trochę czasu, żeby odpocząć i napić się ulubionej herbaty".

Kiedy F. skończyła sprzątać, utwierdziła się w przekonaniu, że kocha swoją pracę. Uznała, że podręczniki traktowane dotychczas jak ciężar, który należy wyrzucić, dają jej radość. „Moja szafa była pełna rzeczy o drugorzędnym znaczeniu i nie mogłam się zająć naprawdę ważnymi sprawami, które miały znaczenie. Nie umiałam nawet o siebie zadbać. Wciąż jestem zajęta, a góry prania zaczynają rosnąć, zanim się obejrzę. Są chwile, kiedy jestem taka zmęczona, że nic mi się nie chce. Ale już nie odczuwam niepokoju. Mogę sobie wybaczyć zmęczenie i odpuścić".

Zmieniły się też relacje z jej mężem. Do tej pory każde z nich skupiało się na spełnieniu swojej roli osobno, a teraz świadomie wspólnie pracują nad życiem rodzinnym. Dzielą się myślami na temat przyszłości i chodzą razem na zajęcia. „Spędzamy czas na rozmyślaniu o tym, jakie chcemy, żeby było nasze życie za dwadzieścia lat. Kiedy podzieliliśmy się nawzajem naszą wizją, okazało się, że oboje chcemy mieszkać w tym samym domu, co teraz. Po raz pierwszy od czasu, kiedy wzięliśmy ślub, potrafiłam mu powiedzieć, że cieszę się, że za niego wyszłam, chociaż czułam się trochę onieśmielona".

Zmiany, które sprzątanie wniosło w pracę i w relacje F., może nie są epokowe, ale jak sama mówi: „Coraz częściej przystaję nagle w trakcie gotowania albo składania prania i uświadamiam sobie, że jestem szczęśliwa". To bardzo częsta reakcja osób, które skończyły sprzątać. Moi klienci i klientki nauczyli mnie, że umiejętność cieszenia się dniem codziennym, a nie branie codzienności za coś oczywistego, przynosi radość.

Jeżeli przeszkadzają ci rzeczy członków rodziny, to bądź jak słońce

„Jak mogę pomóc mojej mamie posprzątać jej rzeczy?"

„Mojej żonie przydałyby się twoje lekcje".

Często dostaję takie wiadomości. Kiedy zrobisz postępy w sprzątaniu, rzeczy należące do rodziny i sposób, w jaki je przechowują, mogą cię coraz bardziej drażnić. „Moje sprzątanie dało mężowi do myślenia. Pozbył się kilku rzeczy, ale to nie wystarczy. Musi być coś, co mogę zrobić, żeby zaczął traktować to poważniej".

Doskonale znam to uczucie narastającej irytacji na widok przepaści pomiędzy tym, jak sama zagospodarowujesz swoją przestrzeń, a postępowaniem reszty rodziny.

„Nie mogę znieść widoku rzeczy męża" – powiedziała mi z westchnieniem Y. Mieszkała z mężem i dwójką dzieci i prawie dotarła do końca swoich lekcji. Zostało jej tylko posprzątanie rzeczy kuchennych i rozmieszczenie rzeczy w holu oraz w łazience. Zmniejszyła ich liczbę i była bardzo zadowolona, że jej szafę i komodę wypełniają wyłącznie ulubione przedmioty. Jednakże zaczęła jej przeszkadzać przestrzeń męża, która zajmowała połowę ich pokoju o wymiarach trzy na trzy metry.

„Z mojej perspektywy jest pełen śmieci" – powiedziała. Wąziutka przestrzeń była wypełniona modelami czołgów, figurkami z wojennej historii Japonii i miniaturowymi zamkami. Jej wygląd znacznie odbiegał od prostego i naturalnego wnętrza, o jakim marzyła Y., ale dla męża to nie był bałagan.

„Używa górnej połowy regału, a ja dolnej, ale za każdym razem, kiedy wyciągam książkę, z jego strony atakują mnie słowa »państwa w stanie wojny« i nie mogę tego znieść".

Wyglądało na to, że jest w stosunku do niego uprzedzona, zapytałam ją więc: „Czy twój mąż kiedykolwiek rozmawiał z tobą o swoich zainteresowaniach?".

„A dlaczego miałby rozmawiać? Wie, że mnie one nie interesują".

Postanowiłam dać jej zadanie domowe. „Jeżeli nie podoba ci się coś, co należy do innej osoby, to naczelna zasada brzmi, żeby nie patrzeć albo nie zwracać na to uwagi. Jeżeli jednak nie możesz się powstrzymać przed patrzeniem na rzeczy męża i przeszkadzają ci one, to proszę, żebyś po nie sięgnęła i ich dotknęła. Możesz na przykład podnieść figurkę albo delikatnie przesunąć palcem po okładce książki. Nieważne jak, ale dotknij i przypatrz się im przynajmniej przez minutę".

Podczas następnej lekcji zapytałam ją, jak jej poszło. „Na początku w ogóle nie chciałam ich dotknąć i zadanie wydawało mi się dość uciążliwe. Ale kiedy popatrzyłam na przedmiot przez minutę, to zaczęłam się zastanawiać nad nim w sposób, w jaki nigdy tego nie robiłam. Patrzyłam na miniaturę zamku i z zadziwieniem myślałam, z jakich drobnych elementów on się składa, albo dotykałam koszulki z nazwiskiem słynnego generała i zastanawiałam się, jak mój mąż się czuje, kiedy ma ją na sobie. W końcu zaczęłam czuć wdzięczność za radość, jaką te przedmioty wnoszą do jego życia". Jej praca domowa okazała się bardzo kształcąca.

Jeżeli nie możesz uniknąć patrzenia na niektóre rzeczy, to spróbuj stanąć z nimi twarzą w twarz. Zacznij je dotykać. Gdyby Y. tylko patrzyła na rzeczy męża, nie dotykając ich, to nadal pozostałyby dla niej tylko zabawkami. Kiedy jednak wzięła je do ręki, to rzeczy te nabrały w jej oczach znaczenia, jakie miały dla męża. Nie trzymała już w dłoni figurki anonimowego samuraja, a wielkiego przywódcy Takedy Shingena. Już sam ten gest może zmniejszyć o połowę naszą awersję do przedmiotów.

Zapewne będą takie rzeczy, których nie będziesz w stanie dotknąć. W takich wypadkach nie zmuszaj się. Dla niektórych ludzi na przykład zdjęcia owadów mogą być zbyt groteskowe.

Jeżeli na pierwszy rzut oka wiesz, że coś budzi twój wstręt, to nie zamęczaj się. Nie dotykaj też niczego, co dana osoba uważa za bardzo cenne albo ściśle prywatne bez jej zgody. **Nie zmuszaj się do polubienia cudzych rzeczy. Wystarczy, że je zaakceptujesz.**

Chociaż rzeczy pozostałych członków rodziny nie należą do ciebie, to są częścią domu, w którym mieszkasz. Z perspektywy domu, zarówno twoje rzeczy, jak i przedmioty należące do twoich bliskich, są jego dziećmi. To bardzo ważna myśl, którą należy zrozumieć. Chociaż mieszkacie z rodziną pod tym samym dachem, to każda osoba powinna mieć swoją osobistą przestrzeń. Jeżeli domownicy mają ściśle określoną przestrzeń, w której mogą czuć się swobodnie, to będą przynajmniej pilnować, by ich rzeczy nie wchodziły w cudzą przestrzeń. Jeżeli osobista przestrzeń nie jest w ten sposób zaznaczona, to domownicy tracą z oczu granice i ilość rzeczy narasta. Mieszkańcy zostają pozbawieni radości.

Kiedy już przestrzeń zostanie podzielona, powinniśmy ignorować to, jak inni korzystają z własnej. Wcześniej proponowałam stworzenie osobistego zakątka. Twoi bliscy też tego potrzebują. A kiedy domownicy posprzątają choć trochę, to pochwal ich, a nie krytykuj. Sprzątanie jest zaraźliwe, ale jeżeli spróbujesz je na kimś innym wymusić, to spotkasz się ze zdecydowanym oporem. Jedna z bajek Ezopa opowiada o północnym wietrze i słońcu. Wiatrowi nie udało się zdmuchnąć płaszcza z podróżnego, a kiedy słońce zaświeciło odrobinę mocniej, to człowiek sam zdjął ubranie. Bycie jak słońce jest o wiele skuteczniejsze.

Nie zmuszaj ludzi do sprzątania wbrew nim

Powiedziano mi kiedyś, że u osoby, której pomagałam sprzątać w ramach programu telewizyjnego, nastąpił spektakularny nawrót bałaganu. Chociaż program ten różnił się od moich zwykłych lekcji, była to pierwsza osoba, która wróciła do starych nawyków. Powiedzieć, że było mi przykro, to o wiele za mało, byłam mocno zawiedziona.

Zdałam sobie jednocześnie sprawę, że zawiniła tu moja pycha. Tak bardzo byłam pewna, że każdy, kto bierze u mnie lekcje, niezależnie od tego jak bardzo zabałaganiony ma dom, nigdy nie wróci do bałaganu. Zakładałam też, że każdy człowiek byłby szczęśliwy, mieszkając w uporządkowanym i czystym domu. Dowiedziałam się potem, że osoba ta była zadowolona ze swojego zagraconego otoczenia.

„W jaki sposób mogę zmusić rodzinę, żeby posprzątała?" To jedno z najczęstszych pytań, jakie dostaję. Kiedy jednak rozmawiam z osobami, które proszą o to, żebym spotkała się z ich bliskimi, zazwyczaj niewiele mogę zrobić, bo członkowie rodziny nie odczuwają palącej potrzeby zmiany. Jedną z moich ulubionych książek jest *The Thrilling Art of Not Discarding!* (Pasjonująca sztuka niewyrzucania) opublikowana w wydawnictwie Gakuyosha Publishing Co., Ltd. Machida jest naturalistą, który kolekcjonuje opakowania po czekoladzie i *natto* (fermentowanej soi). Ma ich tysiące. „Nie lubię przestronnych domów, są pozbawione życia"

– twierdzi i wychwala uroki niewyrzucania. To, co jemu daje radość, to przestrzeń w obecnym stanie, wypełniona po brzegi rzeczami.

Oczywiście rodzaj przestrzeni życiowej, która przynosi danej osobie radość, zależy od systemu wartości jednostki. Nie możemy zmienić innych. Nie powinniśmy nigdy zmuszać nikogo do sprzątania. **Dopiero kiedy zaakceptujemy bezwarunkowo ludzi, których wartości różnią się od naszych, możemy powiedzieć, że ukończyliśmy proces sprzątania.**

Kiedy mieszkałam z moją rodziną, nigdy nie udało mi się doprowadzić domu do stanu, który odpowiadałby obrazowi mojego idealnego stylu życia. Nie wiem, ile razy wzdychałam na widok pokojów rodzeństwa, w których było więcej rzeczy niż w moim albo na widok łazienki, w której zaczynał panować nieład niedługo po tym, jak ją wysprzątałam. Chociaż wstydzę się do tego przyznać, to byłam święcie przekonana, że moja rodzina nie może czerpać żadnej radości z życia, żyjąc w takim stanie. Często ludzie, którzy decydują się tak żyć, są zadowoleni ze swojego życia. Litowanie się nad nimi to marnotrawstwo energii.

Dzięki temu doświadczeniu zrozumiałam, że kiedy zaczynam oceniać innych, dzieje się tak zwykle, bo to w moim życiu coś wymaga uporządkowania, jak na przykład mój własny pokój albo praca, którą odkładam. Można to odnieść do każdej osoby, która czuje w ten sposób, niezależnie od tego, czy jest w trakcie sprzątania, czy już porządkowanie skończyła. Kiedy zaczynają ci przeszkadzać rzeczy należące do innych, to trzeba skupić się na sprzątaniu własnej przestrzeni. **Kiedy już naprawdę skończysz sprzątanie, zobaczysz, czego pragniesz i jaki powinien być twój następny krok. Nie musisz więc marnować czasu na uskarżanie się na innych.** Chociaż skończyłam w zasadzie fizyczną czynność sprzątania, ta kwestia pozostała nierozwiązana, wciąż się z nią zmagam.

Co powinnaś zrobić, jeżeli skończyłaś sprzątać swoją przestrzeń, a bałagan rodziny wciąż cię drażni? Aby zmniejszyć poczucie frustracji, radzę ci przelać swoją energię na czyszczenie.

Codzienne sprzątanie obejmuje tylko trzy kroki: odłożenie rzeczy na ich właściwe miejsce, podziękowanie im za każdym razem, kiedy ich używasz i dbanie o nie. Po tym następuje czyszczenie. Ważne, żeby czyścić dokładnie, począwszy od twojej osobistej przestrzeni. Kiedy jest już ona na tyle uporządkowana, że jesteś w stanie ją utrzymać w dobrym stanie, możesz zająć się wspólną przestrzenią, na przykład przedpokojem albo łazienką.

Zamiast oczekiwać, że inni będą sprzątać, poświęć całą swoją uwagę na skonfrontowanie się z rzeczami w domu. To proces, który pomaga zmniejszyć irytację. Postępując w ten sposób, zobaczysz, że twój dom staje się czystszy, a zanim się obejrzysz, ogarnie cię spokój, odczujesz ulgę.

Następny krok to odpowiednia reakcja na ewentualne zainteresowanie rodziny sprzątaniem, których może zainspirować twoja radość. Jeżeli dostrzeżesz takie zainteresowanie, zaproponuj swoją pomoc. Pamiętaj jednak, żeby im pomagać, a nie krytykować ich kryteria radości czy też podejmować za nich decyzje. Zebranie swoich rzeczy w jednym miejscu i wyniesienie wielu worków wymaga dużo pracy. Wielu ludziom trudno jest zacząć, gdyż zadanie to wydaje się ponad ich siły. Praktyczne wsparcie to skuteczny sposób na zachęcenie kogoś do zrobienia pierwszego kroku.

Nie nalegaj, jeżeli będą woleli zrobić to sami. Jeżeli zaczną zadawać pytania: „Czy sądzisz, że mogę się tego pozbyć?", odpowiedz zachęcająco: „Oczywiście, jak najbardziej".

Naucz swoje dzieci składać ubrania

Kiedy już skończysz sprzątać, praktyczna rzecz, jakiej możesz nauczyć tych, którzy dotąd unikali sprzątania, to składanie ubrań. Opanowanie sztuki ich składania może mieć decydujący wpływ na to, czy dana osoba utrzyma motywację do sprzątania.

Umiejętność rozpoznania rzeczy, które kochasz, poprzez trzymanie ich w dłoniach, może być opanowana tylko przez doświadczenie, zaś składanie rzeczy jest umiejętnością, którą można opanować o wiele szybciej, jeżeli ktoś pokaże, jak to robić. To samo można odnieść do nauki sprzątania u dzieci.

„Moje dzieci ciągle bałaganią. Doprowadza mnie to do szału". Klientki, które tak mówią, zwykle zaczynają trening sprzątania u dzieci od nauczenia ich odkładania zabawek na miejsce, ale nie jest to dobre zadanie na początek. Zabawki trudno jest przydzielić do odpowiednich kategorii, gdyż są tak różnorodne i zrobione z tak różnych materiałów. Przechowywanie ich jest także dość złożone. Dzieci nie bawią się tymi samymi zabawkami codziennie, czy w taki sam sposób. Tak więc sprzątanie zabawek jest zbyt zaawansowane dla początkujących.

Z kolei ubrania daje się łatwo przyporządkować do danej kategorii i codziennie nosimy ten sam ich rodzaj. Kiedy dzieci nauczą się składać, to łatwiej im będzie odkładać je na właściwe miejsce. Jest to najłatwiejsza kategoria do rozpoczęcia nauki z dziećmi. Co najważniejsze, kiedy w czasie składania pokazujesz im, jak dziękować ubraniom, uczysz je nie tylko tego, że trzeba odkładać rzeczy po użyciu, ale także tego, na czym polega esencja sprzątania. Z tego powodu składanie jest kluczową umiejętnością do opanowania zarówno przez dorosłych, jak i przez dzieci.

„Spróbowałam składać ubrania z całą rodziną i świetnie się bawiliśmy!" To najczęstsza reakcja na mój występ w telewizji, podczas którego pokazywałam, jak składać ubrania. Składanie jest wspaniałe. Poprawia komunikację i pomaga w gruntownym wysprzątaniu domu. To, czy twoja rodzina złapie bakcyla sprzątania, czy nie, w dużym stopniu zależy od ciebie, mam więc nadzieję, że będziecie się dobrze bawić, składając razem ubrania.

Nawet jeżeli ci się nie uda, nie przejmuj się – twój dom od tego nie wybuchnie

Ostatnio zaczęłam chodzić na zajęcia z pieczenia chleba. Jedna z moich klientek prowadzi kawiarnię, a chleb, który tam podaje, jest pyszny. Żałowałam, że nie umiem piec takiego, kiedy dowiedziałam się, że udziela lekcji. Od razu się na nie zapisałam.

Jej lekcje, które przypominają mi eksperymenty naukowe, są fascynujące. Po poznaniu podstaw pieczenia chleba wprowadzamy do przepisu zmiany, na przykład co do czasu rośnięcia ciasta i porównujemy wyniki. Oznacza to, że mamy okazję jeść dużo pysznego pieczywa. Nauczycielka wyjaśnia zmiany, które zachodzą w różnych składnikach i jak wpływają one na różne smaki i fakturę chleba, tak żebyśmy mogli zrozumieć, jak przebiega cały proces. Wybieramy warianty, które nam najbardziej pasują, i staramy się je powtórzyć w domu. Na kolejnej lekcji dzielimy się naszymi spostrzeżeniami i dostajemy podpowiedzi od nauczycielki. Spędziwszy całe życie na sprzątaniu, a nie pieczeniu chleba, muszę przyznać, że byłam zdenerwowana każdą najprostszą czynnością.

Któregoś dnia zasypywaliśmy nauczycielkę naszymi pytaniami i obawami.

„Tu jest napisane, żeby dodając purée warzywne, nie przekroczyć dwudziestu procent, ale ja lubię, kiedy mój chleb ma mocno marchewkowy smak. Czy mogę dodać jeszcze trochę?"

„Nie wiem, kiedy przestać wyrabiać ciasto".

„Pozwoliłam ciastu za długo rosnąć".

Nasza nauczycielka odpowiadała cierpliwie na wszystkie pytania. Kiedy skończyła, powiedziała: „Nie przejmujcie się aż tak bardzo. Przecież chleb nie wybuchnie!".

Słowa te były dla mnie objawieniem. Postawiłam sobie poprzeczkę tak wysoko, że przerażała mnie wizja porażki, jeszcze zanim cokolwiek zrobiłam. Chleb robi się poprzez połączenie mąki, wody i drożdży i upieczenie. Jeżeli kierujesz się podstawowymi regułami, to świeżo upieczony chleb prawie zawsze wyjdzie wspaniale, a nawet jeżeli zrobisz błąd, to nie będzie to katastrofa. Zamiast się tak bardzo napinać, mogłam podejść do pieczenia chleba jak do każdej innej potrawy. Nauczycielka zachęcała nas do eksperymentów tak, żebyśmy mogli odkryć nasz ulubiony przepis. Każda osoba ma przecież swoje preferencje co do rodzaju mąki, czasu pieczenia i tak dalej.

Tak samo jest ze sprzątaniem. W części moich lekcji przeznaczonej na pytania, dostaję ich bardzo wiele.

„W przedpokoju jest szafa. Trzymam tam płaszcze zimowe i szale. Jest mi wygodnie po nie sięgnąć przy wychodzeniu.

Czy powinnam przestać je tam trzymać, gdyż w ten sposób mam ubrania w kilku miejscach?"

Odpowiadam, że można dalej śmiało trzymać je w przedpokoju. Ubrania te stały się osobną kategorią „rzeczy, które należy założyć przed wyjściem z domu", tak więc nie zaburza to porządku.

„Mówiłaś, że nasza rodzina nie powinna widzieć, czego się pozbywamy, ale kiedy sprzątam z mężem, on mówi mi, co do mnie nie pasuje albo przypomina mi, że przecież pewnych rzeczy w ogóle nie używam. Jego rady są bardzo pomocne i o wiele przyjemniej pracuje się razem. Czy powinnam jednak zacząć robić wszystko sama?"

Znowu odpowiadam, żeby klientka kontynuowała sprzątanie w taki sposób. Jeżeli nie działa zgodnie z radą, która jest sprzeczna z jej poczuciem radości, nie jest to problem. Należy pamiętać o jednej rzeczy: niezależnie od tego, jak podejmujesz decyzje o tym, czego się pozbyć, to ty sama będziesz ponosić konsekwencje tej decyzji.

„Nie daję rady! – oświadczyła klientka. – Potrafię złożyć skarpetki i bieliznę, ale zapominam, jak to się robi, kiedy dochodzę do swetrów. Używam do nich wieszaków. Czy da się to jakoś inaczej zrobić?" Może dalej je wieszać. Będą jednak zajmować więcej miejsca, dlatego jeżeli ubrań do powieszenia będzie dużo, mogą być potrzebne cieńsze wieszaki.

Jak widzisz, moi klienci i klientki wprowadzają własne udoskonalenia w sposobach sprzątania, a jednak chcą to zrobić idealnie i boją się porażki. Zapewniam cię, że wszystko się uda. Jeżeli popełnisz błąd, to dom nie wybuchnie. Pierwszy krok to otworzyć swój umysł i postępować zgodnie z podstawowymi regułami sprzątania. Pozwól prowadzić się wewnętrznemu poczuciu radości, a sprzątanie sprawi ci o wiele więcej przyjemności. Znacznie szybciej ukończysz też festiwal sprzątania.

Czy cieszysz się z festiwalu sprzątania? A może sprzątanie stało się dla ciebie celem samym w sobie, wydaje się pokutą, którą trzeba odbyć, a już sama myśl o nim wywołuje w tobie stres? Czy czujesz, że nie będziesz w stanie nic osiągnąć, dopóki nie posprzątasz? Kiedy spotykam ludzi, którzy tak się czują, przypominam sobie, jaka byłam w szkole średniej. Miałam tak wielką obsesję na punkcie sprzątania, że aż doprowadziło mnie to na skraj załamania nerwowego.

Jeżeli tak się czujesz, proszę zrób sobie przerwę. Przestań sprzątać i skup się na cieszeniu się rzeczami, które kochasz. Zatrzymaj się, żeby podziękować ubraniom, które nosisz, twojemu długopisowi albo komputerowi, naczyniom, kołdrze, łazience i kuchni. Wszystkie rzeczy w twoim domu pragną cię uszczęśliwić. Kiedy dostrzeżesz, że są tu po to, żeby cię chronić i wspierać, kiedy zdasz sobie sprawę, że masz już wszystko, czego potrzebujesz, dopiero wtedy wróć do sprzątania.

Maraton sprzątania wygrywają ci, którzy potrafią się nim cieszyć. Opanuj podstawy, a potem podejmuj własne decyzje, mając za przewodnika radość. Przede mną jeszcze długa nauka pieczenia chleba. Często zapominam o jakimś składniku, za długo wyrabiam ciasto albo zasypiam, kiedy ono rośnie. Ale sprawia mi to przyjemność i wiem, że w końcu mi się uda.

Rzeczy, które wzbudzają radość, nasiąkają cennymi wspomnieniami

Uczyłam klientów sposobów sprzątania i z czasem zaczęto nazywać mnie „nauczycielką". Już dawno doszłam do punktu, w którym uznałam, że posiadam właściwą ilość rzeczy. Jako że pozostaję wierna poczuciu radości i zasadom mojej profesji, moja szafa nigdy nie pęka w szwach od ubrań, a książki nie piętrzą się na podłodze. Oczywiście kupuję ubrania i inne rzeczy, ale także rozstaję się z tymi, które spełniły już swój cel. Nigdy nie czuję się zatem przytłoczona przedmiotami. Mam pewność, że potrafię o nie zadbać. Z rzeczami łączą mnie dobre relacje. Jednak cały czas czegoś mi brakowało. Wydawało się, że moi klienci odkryli dzięki sprzątaniu coś, czego ja wciąż szukałam.

Niedawno po raz pierwszy od piętnastu lat wybraliśmy się z rodziną na oglądanie kwitnących wiśni. Doszłam do jakiejś blokady w pracy i nagle zdecydowałam się zadzwonić do nich i zaprosić na wycieczkę. Nie pojechaliśmy w żadne szczególne miejsce, tylko do małego parku obok mojego domu. Nie jest bardzo znany, więc jest to świetne miejsce na oglądanie kwitnących wiśni. Drzewa były w pełnym rozkwicie, ale nikt inny nie rozłożył się pod nimi z kocem piknikowym, mieliśmy więc cały widok dla siebie.

Pomimo że zadzwoniłam z krótkim wyprzedzeniem, moja mama przygotowała kosz piknikowy, a siostra i ja zachowywałyśmy się jak podekscytowane dziewczynki. Zajrzałyśmy do śniadaniówki, a tam było *onigiri* zawinięte w *nori* z nadzieniem z marynowanych śliwek i grillowanego łososia, smażony kurczak, słodkie ziemniaki, czerwone i żółte pomidorki koktajlowe. Potraw było kilka i były pięknie zapakowane. Wzruszyła mnie troska, z jaką mama przygotowała posiłek. Widok ślicznie ułożonej zawartości obudził we mnie pasję sprzątania, nie mogłam się powstrzymać przed porównaniem śniadaniówki do idealnie zorganizowanej szuflady.

To nie było wszystko. Moja mama otworzyła kolejne opakowanie i wyjęła butelkę różowego napoju *amazake*, który przyrządza się ze słodkiego, fermentowanego ryżu, oraz małe różowe szklanki ze wzorem kwiatu wiśni. Kiedy nalała nam *amazake* do szklanek, to wyglądały, jakby zakwitły w nich drzewka wiśniowe. „Jakie to piękne!" Tamtego dnia oglądaliśmy z moją rodziną najcudowniejsze kwiaty wiśni, jakie kiedykolwiek widziałam.

Kiedy wróciłam do domu, w moim mieszkaniu coś się zmieniło. Tak naprawdę wszystko było takie samo. Wciąż było to miejsce wypełnione rzeczami, które dają mi radość. Każda leżała wygodnie na swoim miejscu. Jednak w tym momencie przywołałam w myślach szklanki ze wzorem kwiatu wiśni. Nagle zrozumiałam. Szklanki, które wybrała moja matka, pokazały mi brakujący fragment układanki. **Chciałam przeżyć moje życie w taki sposób, żeby moje rzeczy zabarwiły się moimi wspomnieniami.**

Szklanki były wyrazem miłości i czułości mamy. Wybrała je, bo chciała uczynić ten dzień choć trochę bardziej wyjątkowym dla nas wszystkich. Widziałam te szklanki w domu wiele razy i zawsze mi się podobały, ale teraz zamieniły się w te „wyjątkowe szklanki, które moja mama wypełniła *amazake*, kiedy oglądaliśmy kwitnące wiśnie". Zdałam sobie sprawę, że wartość rzeczy, z którymi spędzam cenne godziny sama, nie mogą równać się wartościom rzeczy, które noszą znamię cennych wspomnień czasu spędzonego z innymi ludźmi.

Moje ulubione ubrania i buty są wyjątkowe i ciągle je noszę, ale nie mogą się równać z rzeczami, które są przepełnione wspomnieniami związanymi z ludźmi, których kocham. Zdałam sobie sprawę, że tęsknię za byciem z rodziną. W porównaniu z ilością czasu, jaki poświęcam na moje rzeczy, siebie i pracę, spędzałam go o wiele mniej z bliskimi. Nadal będę cenić czas spędzony w samotności. To czas na nabranie energii do tego, żeby cieszyć się z czasu spędzonego z bliskimi tak, abym mogła z kolei jeszcze bardziej uszczęśliwiać ludzi wokół.

Gdyby były to zwykłe szklanki, to pamiętałabym napój, który przyniosła mama, ale wątpię, żebym pamiętała szklanki. Przedmioty, które zaznaczyły swoją obecność we wspomnieniach, niosą na sobie wyraźne znamię szczególnych chwil. Przedmioty wypełnione wspomnieniami sprawiają, że w myślach pozostaje wyraźny obraz przeszłości. Przedmioty, które dają nam radość, posiadają jeszcze większą moc wypełnienia się wspomnieniami. Kiedy te szklanki się zbiją, a tak się stanie któregoś dnia, kiedy już skończą swoje zadanie i nadejdzie moment podziękowania i pożegnania, będę wiedziała, że zostawiły na zawsze w moim sercu wspomnienie pikniku pod kwitnącymi drzewkami wiśni.

Nasze rzeczy stają się częścią nas samych, a kiedy nas opuszczają, pozostawiają wspomnienia.

Jak długo będę odnosiła się do moich rzeczy z otwartością, zatrzymując tylko te, które kocham, i będę cieszyła się nimi, starając się jak najlepiej wykorzystać spędzony z nimi czas, tak długo każdy mój dzień będzie wypełniony ciepłem i radością. Wiedza ta sprawia, że czuję lekkość na sercu.

Zachęcam cię raz jeszcze, abyś uporządkowała swoje rzeczy jak najszybciej, żebyś mogła spędzić resztę życia otoczona ludźmi i rzeczami, które kochasz najbardziej.

EPILOG

Kiedy w wieku piętnastu lat poczułam powołanie do sprzątania, spędzałam każdy dzień na porządkowaniu nie tylko własnego pokoju, ale praktycznie każdego zakamarka w domu od pokojów rodzeństwa, przez salon aż po łazienkę. Jako że opowiadam tę historię wszędzie, gdzie jeżdżę, wielu ludzi sądzi, że nasz dom musiał być bardzo czysty, ale obawiam się, że rzeczywistość bardzo odbiegała od takiego wyobrażenia. Nawet po opublikowaniu mojej pierwszej książki niewiele się zmieniło. Któregoś dnia otrzymałam następujący e-mail:

„Droga KonMari, proszę, naucz mnie sprzątać".

Zawsze priorytetowo traktuję klientów, którzy zarezerwowali lekcję, ale kiedy zobaczyłam nadawcę, to natychmiast postanowiłam odłożyć zaplanowany urlop.

Prośba o lekcję sprzątania pochodziła od nikogo innego, jak mojego ojca.

Używał teraz pokoju, który kiedyś należał do mnie. To było niewielkie pomieszczenie o wymiarach dwa i pół na trzy metry z pojedynczą szafą i wbudowanym regałem.

Znajdują się w nim łóżko i małe biureczko, ale dla mnie był jak kawałek raju. Utrzymywałam go w czystości, wycierając podłogę co wieczór przed położeniem się spać.

Kiedy znalazłam się w rodzinnym domu z misją pomożenia ojcu, okazało się, że wszystko się zmieniło. Pierwszą rzeczą, jaka rzuciła mi się w oczy po otwarciu drzwi, był stojak na ubrania ustawiony przed szafą i całkowicie zasłaniający jedne z jej drzwi. Na podłodze stało pudło wypełnione racjami żywności na wypadek klęski żywiołowej, obok dwie plastikowe szuflady wypełnione zapasowymi środkami czystości i innymi rzeczami. Przed regałem piętrzyła się góra magazynów, a co gorsze, nowy telewizor cyfrowy stał na starym telewizorze analogowym, tworząc hybrydę starego i nowego.

Pozwól, że doprecyzuję, iż mój ojciec bardzo lubi sprzątanie i aranżowanie wnętrz i stara się utrzymywać porządek wokół siebie. Nie potrafi jednak niczego wyrzucić. Oznajmił mojej matce, że nie wyrzuci niczego aż do śmierci i twardo opierał się moim zachętom zmniejszenia liczby swoich rzeczy. Dopiero kiedy zaczął być tak zajęty w pracy, że nie miał już czasu na codzienne porządki, musiał przyznać, że jego pokój to katastrofa i postanowił coś z tym zrobić.

I tak zaczęły się lekcje sprzątania dla mojego ojca. Jak zwykle zaczęliśmy od zebrania wszystkich ubrań w jednym miejscu, a wydawało się, że jest ich nieskończona ilość. Było tam mnóstwo ubrań z etykietami ze sklepu, niezliczone pary bielizny w opakowaniach, marynarki, których nigdy nie nosił, a o których zapomniał, że je ma, stosy identycznych koszulek polo. Wywołało to w nim typową reakcję: „Czy ja naprawdę mam tyle rzeczy?". Następnie przeszliśmy do przeglądania każdej i wyboru tych, które wzbudzają radość. Dziwnie się czułam, patrząc na ojca, który konfrontował się z rzeczami i podejmował decyzję co do każdej z nich. „To przynosi mi radość", „Za to jestem wdzięczny", „Przepraszam, że nie mogłem z ciebie skorzystać". Przez kolejne dwa dni przejrzeliśmy jego rzeczy we właściwej kolejności: od ubrań, książek, papierów, *komono* aż po rzeczy o wartości sentymentalnej. Po zakończeniu sortowania i pozbyciu się dwudziestu worków, zajęliśmy się łazienką i wspólną przestrzenią. Zakończyliśmy lekcją na temat przechowywania rzeczy.

Na końcu pokój ojca przemienił się w zupełnie inny świat, pełen radości. Wszystko poza łóżkiem i telewizorem znajdowało się w szafie, znowu widać było panele podłogowe. Na regale stały tylko książki i płyty, które kochał. Na prawie pustej półce postawił wyroby ceramiczne, które zrobiła siostra w liceum i figurki zespołu jazzowego, które zamówił pocztą. Powiesił także obraz, który dotąd leżał schowany w szafie, a cały pokój sprawiał tak przyjemne wrażenie, że mógłby znaleźć się na okładce pisma wnętrzarskiego.

„Ciągle powtarzałem sobie, że się za to zabiorę, że zrobię to w przyszłym tygodniu – powiedział mój ojciec. – Co za ulga, że wreszcie to zrobiłem. Niesamowite jaka przemiana może zajść w ciągu dwóch dni, jeżeli tylko człowiek się za to weźmie". Słysząc satysfakcję w jego głosie, zdałam sobie sprawę, że to był wspaniały sposób okazania mu mojej miłości. Nawet ktoś taki jak mój ojciec, kto unikał sprzątania przez dziesięć lat, jeżeli tylko postanowi, że posprząta, może doświadczyć radykalnej przemiany.

POSŁOWIE

Przygotuj się na następny etap swojego życia.

„Czytałam o tym, jak wysprzątać dom, ale nigdy się za to nie zabrałam, bo wydawało mi się, że będzie to wymagało zbyt wiele pracy. Kiedy wreszcie się za to wzięłam, było to jeszcze więcej pracy, niż przypuszczałam. Miałam bardzo dużo rzeczy i dużo pracowałam. Zajęło mi to rok. Spędziłam całe święta na sprzątaniu. Któregoś dnia doszłam do końca. Skończyłam przeglądać zdjęcia i sprawy do załatwienia. Czuję się jak nowo narodzona. Gdzie nie spojrzę, wokół rzeczy, które wzbudzają moją radość. Czuję wzruszenie i wdzięczność, kiedy myślę o wszystkim, co mam w życiu!"

Kiedy dostaję takie listy, to w myślach widzę przyszłość nadawcy, który przechodzi do kolejnego etapu swojego życia. Żyjąc świadomie w pięknym miejscu, będzie w stanie zrezygnować ze szkodliwych nawyków i określić z pełną jasnością, co chce osiągnąć i jak tam dotrzeć.

Posprzątanie domu oznacza uporządkowanie życia i przygotowanie się do następnego etapu. Jeżeli stawisz czoło obecnej fazie życia, to następna przyjdzie do ciebie w sposób naturalny. Ja uporządkowałam swoje rzeczy w okresie uniwersyteckim. Od tamtego czasu jestem w stanie wyjść naprzeciw każdemu wydarzeniu w moim życiu i poradzić sobie ze wszystkim.

Dla mnie kolejny etap zaczął się wiosną 2014 roku, kiedy wyszłam za mąż. Założenie rodziny pozwoliło mi spojrzeć na wszystko z nowej perspektywy. Uczę się, że niepisane reguły życia rodzinnego mogą się różnić oraz że sposoby przechowywania rzeczy, które uważałam za oczywiste, trzeba dokładnie wyjaśnić. Kiedy żyłam sama, w moim domu były tylko moje rzeczy, a teraz dzielą przestrzeń z rzeczami męża. Chcę dbać o nie równie dobrze, co o własne.

Kierując się taką intencją, ostatnio spędziliśmy trochę czasu jako para na sprzątaniu. Nie była nam potrzebna pełna kampania sprzątania, bo z racji wykonywanej pracy mam minimalny zestaw rzeczy, a styl życia męża jest na tyle minimalistyczny, że jego rzeczy w czasie przeprowadzki zmieściły się w czterech pudłach. Zamiast tego odbyliśmy lekcję składania i przechowywania ubrań.

Wyjaśniłam, jak złożyć każdy rodzaj ubrania, jak trzymać je pionowo i jak wieszać rzeczy, żeby wznosiły się do prawej. Gawędziliśmy sobie w czasie pracy. Aż do tamtej pory uważałam, że najlepiej jeżeli każdy pracuje oddzielnie nad sprzątaniem swoich rzeczy, ale to doświadczenie pokazało mi, że wspólnie spędzony czas nad rzeczami w gronie rodziny może być pomocny. Proces sprzątania wydaje się nie tylko pogłębiać relacje z naszymi rzeczami i domem, ale i pomiędzy naszymi rzeczami a nami oraz nami a rodziną.

Kiedy rozmyślałam o naturze tych relacji, zdałam sobie sprawę, że Japończycy traktują rzeczy materialne ze szczególną troską od najdawniejszych czasów. Przykładem jest koncepcja *yaoyorozu no kami*, co oznacza dosłownie „osiemset tysięcy bogów". Japończycy wierzyli, że bogowie przebywają nie tylko w naturalnych zjawiskach, takich jak morze i ziemia, ale także w piecyku, a nawet w ziarenku ryżu i dlatego traktowali rzeczy z szacunkiem. Już w czasie epoki Endo, a więc w latach 1603–1868, Japonia miała dobrze zorganizowany kompleksowy system recyklingu, aby nic się nie marnowało. Idea, że wszystko jest przeniknięte duchem, wydaje się wpisana w japońskie DNA.

Duch przebywający w rzeczach materialnych może przejawiać się na trzy sposoby: jako duch materiałów, z których zrobione są rzeczy, duch osoby, która je zrobiła, i duch osoby, która ich używa. Duch twórcy ma przemożny wpływ na przedmiot. Na przykład książka, którą czytasz, jest zrobiona z papieru. Nie jest to jakiś tam papier. Jest przeniknięty moim gorącym pragnieniem, abyś posprzątała oraz moją tęsknotą za tym, aby wszyscy, którzy chcą doświadczać radości w życiu, mogli uzyskać pomoc. Intensywność tych uczuć przenika powietrze nawet po zamknięciu książki.

A jednak ostatecznie to uczucia osoby, która używa tego przedmiotu, sposób, w jaki go używa, będą determinować jego aurę (japońskie słowo *kuki-kan*, oznaczające „odczuwanie powietrza".) Światło, jakie emanuje z tej książki, sposób, w jaki zaznacza swoją obecność, będą zależały od tego, jak ją traktujesz, czy jej używasz, czy tylko ją kupiłaś i nigdy jej nie otworzysz. Odnosi się to do wszystkich rzeczy, nie tylko do tej książki: twój umysł determinuje wartość wszystkiego, co posiadasz.

Ostatnio w czasie pracy z klientami i klientkami przychodzi mi do głowy określenie *mono no aware*. To japoński termin, który dosłownie oznacza „patos rzeczy", a opisuje głębokie emocje, które uwalniają się, gdy porusza nas natura, sztuka albo życie innych, a jednocześnie jesteśmy świadomi ich przemijalności. Odnosi się także do esencji rzeczy i naszej zdolności ich odczuwania. W miarę jak moi klienci i klientki przechodzą przez proces sprzątania, dostrzegam zmianę w słowach, które wypowiadają, i w wyrazie ich twarzy, jak gdyby rozwijali w sobie umiejętność odczuwania *mono no aware*.

Na przykład jedna z moich klientek popatrzyła na rower, który lubiła i używała przez lata, i powiedziała: „Wiesz, zdałam sobie sprawę, że ten rower jest jak mój życiowy partner".

Jeszcze inna klientka powiedziała do mnie z uśmiechem: „Nawet moje pałeczki do gotowania są mi teraz drogie".

Nie tylko zmieniają się ich uczucia w stosunku do rzeczy materialnych. Są w stanie zwolnić i cieszyć się przemianami pór roku, stają się życzliwsi dla siebie i rodziny.

Wierzę, że wraz z uporządkowaniem rzeczy wzmacniamy nasze relacje z tym, co posiadamy i wchodzimy w kontakt z subtelną wrażliwością na *mono no aware*. Odkrywamy wrodzoną umiejętność cieszenia się rzeczami obecnymi w naszym życiu i odzyskujemy na nowo świadomość, że nasze relacje ze światem materialnym to wzajemne wsparcie.

Jeżeli odczuwasz ciągły niepokój, ale nie jesteś pewna, skąd on się bierze, spróbuj uporządkować swoje rzeczy. Potrzymaj każdą z nich w dłoniach i zadaj sobie pytanie, czy daje ci ona radość. Następnie doceniaj te, które będziesz chciała zatrzymać, tak jak cenisz siebie, a każdy dzień twojego życia będzie wypełniony radością.

PODZIĘKOWANIA

Moja droga do sprzątania zaczęła się, kiedy miałam piętnaście lat. W pewnym momencie pomyślałam, że będę przez całe życie udzielać prywatnych lekcji, ale po drodze moje podejście do sprzątania się zmieniło. Mam teraz dwie stażystki i założyłam ogólnokrajową organizację, która kształci konsultantów od sprzątania na terenie całego kraju. Co więcej, *Magia sprzątania* została przetłumaczona na wiele języków i opublikowana w trzydziestu pięciu krajach na świecie. Odzew, z jakim spotkała się moja działalność, przeszedł moje najśmielsze oczekiwania. Jestem nie tylko uszczęśliwiona, ale i zadziwiona, że metoda KonMari, którą zapoczątkowała moja obsesja na punkcie sprzątania, tak szybko upowszechnia się na całym świecie. Przeżyłam jeszcze większe zdumienie, kiedy okazało się, że moja osoba stała się tematem do artykułu w „New York Times" i że piszą do mnie ludzie z zagranicy. Mam w planach odwiedzić wiele krajów, gdzie chcę dzielić się metodą KonMari i przeprowadzić międzynarodowe badanie na temat sprzątania.

Jak już wspomniałam, ślub był kolejną ogromną zmianą w moim życiu. Dzięki mojemu mężowi, który jest niezrównany w robieniu porządków, mam jeszcze więcej czasu, żeby poświęcić się mojej pasji. Jako samozwańcza maniaczka sprzątania mam dużo pracy i powodów do radości.

Na zakończenie chciałabym wyrazić moją głęboką wdzięczność wielu osobom, bez współpracy i wsparcia których ukazanie się tej książki nie byłoby możliwe. Dziękuję mojej tłumaczce Cathy Hirnao, mojej ekipie z Ten Speed Press/Crown Publishing, zwłaszcza Lisie Westmoreland, Betsy Stromberg, Danielowi Wikey, Hanhan Rahill, Aaronowi Wehnerowi, Davidowi Drake i Mayi Mavjee; moim agentom Neilowi Gudovitz i Junowi Hasebe; a także mojej ekipie z wydawnictwa Sunmark Publishing, zwłaszcza Nobutace Ueki, Tomohiro Takahashi, Ichiro Takeda, i Shino Kobayashi.

Jestem także bardzo wdzięczna każdej i każdemu z was, którzy wzięliście do ręki tę książkę i zechcieliście ją przeczytać. Dziękuję wam bardzo.

Marie „KonMari" Kondo

O AUTORCE

Marie Kondo jest twórczynią uznanej metody KonMari i autorką bestsellera *Magia sprzątania*, który zajął czołowe miejsce na liście magazynu „New York Times". Książka ta sprzedała się w ponad trzech milionach egzemplarzy na całym świecie, została przetłumaczona na trzydzieści pięć języków i zrealizowano na jej podstawie program telewizyjny w Japonii.

Jest także autorką dziennika sprzątania *Life-Changing Magic: A Journal* (Magia sprzątania – dziennik). Jej renomowana firma doradcza w Tokio pomaga klientom przemienić zagracone domy w przestrzeń spokoju i inspiracji.

Kondo była bohaterką artykułów w „Wall Street Journal", „New York Times", „USA Today", a także wystąpiła w programie telewizyjnym Today. Gościła również w Polsce. Jej nazwisko znalazło się wśród stu najbardziej wpływowych ludzi magazynu „Time". Mieszka w Tokio z mężem i córeczką.

Książkę wydrukowano na papierze
Amber Volume 80 g/m²

www.arcticpaper.com

MUZA SA
00-833 Warszawa
ul. Sienna 73
tel. +4822 6211775
e-mail: info@muza.com.pl

Dział zamówień: +4822 6286360
Księgarnia internetowa: www.muza.com.pl

Skład i łamanie: MAGRAF s.c., Bydgoszcz
Druk i oprawa: Abedik S.A., Poznań